YI CHUANGXIN QUDONG JIAKUAI
SHANDONG XINJIU DONGNENG
ZHUANHUAN YANJIU

以创新驱动加快山东新旧动能转换研究

孔宪香 ◎ 著

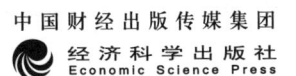

中国财经出版传媒集团
经济科学出版社
Economic Science Press

图书在版编目（CIP）数据

以创新驱动加快山东新旧动能转换研究/孔宪香著.—北京：经济科学出版社，2018.10
ISBN 978-7-5141-9844-7

Ⅰ.①以… Ⅱ.①孔… Ⅲ.①区域经济-经济结构调整-研究-山东 Ⅳ.①F127.52

中国版本图书馆 CIP 数据核字（2018）第 232350 号

责任编辑：郎　晶
责任校对：王肖楠
责任印制：李　鹏

以创新驱动加快山东新旧动能转换研究
孔宪香　著
经济科学出版社出版、发行　新华书店经销
社址：北京市海淀区阜成路甲 28 号　邮编：100142
总编部电话：010-88191217　发行部电话：010-88191522
网址：www.esp.com.cn
电子邮件：esp@esp.com.cn
天猫网店：经济科学出版社旗舰店
网址：http://jjkxcbs.tmall.com
北京季蜂印刷有限公司印装
710×1000　16 开　11.5 印张　150000 字
2018 年 10 月第 1 版　2018 年 10 月第 1 次印刷
ISBN 978-7-5141-9844-7　定价：42.00 元
（图书出现印装问题，本社负责调换。电话：010-88191510）
（版权所有　侵权必究　打击盗版　举报热线：010-88191661
QQ：2242791300　营销中心电话：010-88191537
电子邮箱：dbts@esp.com.cn）

前　言

目前，世界范围内新一轮科技革命和产业变革正在兴起。大数据、云计算、移动互联网等新一代信息技术同机器人和智能制造技术相互融合步伐加快，正在引发国际产业分工重大调整，进而重塑世界竞争格局、改变国家力量对比。因此，世界各国都在努力拼抢未来发展的战略先机，纷纷将科技创新作为国家发展的重要战略，超前部署和发展战略性技术及产业。我国经济进入新常态后，依靠土地、劳动、资源、资本等要素带动的传统动能模式已经难以为继。党的十九大做出了中国特色社会主义进入新时代的重要论断，明确指出我国经济已由高速增长阶段转向高质量发展阶段，正处在转变发展方式、优化经济结构、转换增长动力的攻关期。创新是引领发展的第一动力，因此，党的十九大把加快建设创新型国家作为现代化建设全局的战略举措，坚定实施创新驱动发展战略。

山东作为经济大省，国内生产总值（GDP）居全国第三，但山东经济发展同全国情况类似，存在经济发展不平衡、经济结构不合理、经济发展新动能不足等问题，处于新旧动能转换的关键时期。实现新旧动能转换，是打造山东新的发展优势的关键因素，是事关今后发展基础的大事。为深入贯彻落实习近平总书记系列重要讲话精神和对山东工作的重要指示批示以及李克强总理考察山东时的重要指示，省委、省政府决定在全省实施新旧动能转换重大工程，并以其统领山东经济发展。加快新旧动能转换，是山东省在决胜全面建成小康社会、开启全面建设社会主义现代化国家新征程中走在前列的重要战略部署。要实现山东省的新旧动能转换，实现山东经济由大变强，走在全国前列，创新驱动发展战略是核心，也是关键。

基于以上背景，本书在技术经济理论、人力资本理论、现代企业理论、制度经济学理论和管理学理论等研究的基础上，从实施创新驱动发展战略和新旧动能转换背景出发，在理论上论证了创新驱动与新旧动能转换之间的关系，并结合山东实际，提出了促进山东科技创新能力提升、以创新驱动加快新旧动能转换的制度、政策体系及人才队伍建设等方面的政策建议。因此，本书的研究既具有重要的理论意义和学术价值，也具有较强的应用价值。

从具体的研究内容看，本书包括5章。

第1章是导论，提出了选题的背景、研究的理论意义和现实意义，对相关概念进行了界定，并提出了本书研究的创新之处。

第2章是以创新驱动加快新旧动能转换的理论分析。在本章中，笔者主要从理论上论证创新对新旧动能转换的影响和作用机理。创新是新旧动能转换的根本动力。技术创新是培育新动能的源泉，它会产生新技术，催生新产品、新产业、新业态和新模式；技术创新也是改造和提升传统动能的根本手段，是推动产业迈向价值链中高端、提升产业竞争力的重要途径，互联网技术也为传统产业转型升级提供了空间。技术创新可以通过催生新产品、新产业、提高全要素生产率、技术扩散、开辟新的市场等推动新旧动能转换。特别是在信息技术、互联网、大数据推广应用条件下，信息和数据成为新的生产要素，"互联网+工业"将重塑制造业"微笑曲线"价值链，促进产业融合发展等，从而促进新旧动能转换。制度创新则是推动技术创新、促进新旧动能接续转换的重要保障。因此，不论是在国际层面上应对在当前的国际科技革命和产业变革带来的机遇和挑战，在国家层面上要实现新时代社会主义强国目标和解决新的主要矛盾，还是在省级层面上实现全省经济由大到强转变，都必须深入实施创新驱动发展战略，以创新驱动加快山东新旧动能转换。

实施创新驱动发展战略的目的是要提高自主创新能力，科技创新是推动新旧动能转换的核心和源泉。因此第3章是强化山东新旧动能转换的科技供给。党的十八大以来，山东科技创新取得了很大的进步，为新旧动能转换提供了重要的支撑。但是对标广东、江苏、浙江、上海等先进省市，山东高技术产业整体规模仍然偏小，引领作用尚未充分发挥；部分领域核心技术缺乏，创新整体实力仍不够强；创新动力不足，创新投入偏低、创新产出偏低、创新成果转化率低、创新投融资环境有待改善等成为制约新旧动能转换、高质量发展的突出矛盾。因此，提升科技有效供给就显得非常重要。这就需要加强区域技术创新体系建设，让企业成为真正的创新主体；加强基础研究，攻克关键技术；着眼于产业转型发展增加技术供给；大力推动技术成果转化，让科技成为第一生产力。

要实现科技供给的增加、自主创新能力的提升，并切实促进新旧动能转换，必须要有制度作为保障。第4章是构建创新驱动加快山东新旧动能转换的制度和政策环境。经济学家们曾经系统论证了科技创新与制度创新的关系——他们之间是一种相互依存、相互促进的辩证关系。着眼于创新驱动的各项制度的制定和完善成为实施创新驱动发展战略并以其促进新旧动能转换的一项重要工作。山东在实施创新驱动战略中，相关制度和政策政正在不断完善，但与先进省市相比，思想还不够解放，在体制机制方面还存在一些制约创新创业的障碍。因此，需要进一步构建能够促进创新创业、加快新旧动能转换的制度和政策体系：推动科技体制机制改革、完善创新创业激励制度、完善创新创业园区和平台的服务和管理机制、营造适宜创业创新的生态环境、完善产权保护制度等。

创新是第一动力，人才是第一资源。要以创新驱动加快山东新旧动能转换，创新型人才队伍是智力支撑。第5章是构建创新驱动加快山东新旧动能转换的人才支撑。人才是技术创新的主体，是技术扩散的条件。人才的数量、质量、结构等直接影响一个国家或区域的创新能力。因此，各区域可以根据本地经济发展的实际，培养和引进合适的不同类别的人才。山东在打造人才品牌工程、引入人才方面做了很多工作，人才总量不断增加。但与先进省市相比，山东的人才质量、引才力度、人才政策等方面还存在一定的差距和不足，需要进一步完善创新创业的良好环境、搭建人才载体和平台、加大引才力度，构建一支规模宏大、结构优化、布局合理、素质优良的创新型人才队伍。

本书的创新点主要有以下两点：一是围绕新旧动能转换最重要的着力点——创新驱动进行系统分析，从理论上分析创新是新旧动能转换的根本动力，揭示了创新驱动加快新旧动能转换的作用机理。二是研究视角的创新，本书从创新驱动加快新旧动能转换的作用机制出发，在对山东省与先进省市比较分析的基础上，找出制约山东省创新能力提升加快新旧动能转换的因素，分别从增加科技供给、制度和政策保障以及人才支撑三个方面展开论述，系统论证了如何以创新驱动来推动山东新旧动能转换，实现经济社会高质量发展。

本书系中共山东省委党校创新工程科研支撑项目（2017CXY058）的成果。由于本人知识和能力有限，书中难免存在一定的不足与疏漏，恳请各位专家批评指正。

目　录

第1章　导论 …………………………………………………………… 1

 1.1　选题背景与研究意义 …………………………………………… 1
  1.1.1　选题背景 …………………………………………………… 1
  1.1.2　研究意义 …………………………………………………… 5
 1.2　概念界定 ………………………………………………………… 6
  1.2.1　创新和技术创新 …………………………………………… 6
  1.2.2　创新体系和创新型国家 …………………………………… 10
  1.2.3　创新驱动 …………………………………………………… 13
  1.2.4　新旧动能转换 ……………………………………………… 15
 1.3　主要创新点 ……………………………………………………… 17

第2章　以创新驱动加快新旧动能转换的理论分析 ………………… 18

 2.1　创新是新旧动能转换的根本动力 …………………………… 18
  2.1.1　技术创新是培育新动能的源泉 …………………………… 18
  2.1.2　技术创新是改造和提升传统动能的
     根本手段 …………………………………………………… 19

2.1.3 制度创新是创新驱动促进新旧动能转换的重要保障 ·············· 21

2.2 创新驱动促进新旧动能转换的作用机理 ·············· 23
2.2.1 技术创新促进新旧动能转换的作用机理 ·············· 24
2.2.2 "互联网+"推动新旧动能转换的作用机理 ·············· 29
2.2.3 制度创新促进技术创新及新旧动能转换的作用机理 ·············· 33

2.3 以创新驱动加快山东新旧动能转换的必要性 ·············· 38
2.3.1 实施创新驱动是应对国际新形势提升区域经济竞争力的必然选择 ·············· 39
2.3.2 实施创新驱动是新时代实现社会主义强国目标和解决主要矛盾的内在要求 ·············· 40
2.3.3 实施创新驱动是实现全省经济由大到强转变的重要抓手 ·············· 42

第3章 强化山东新旧动能转换的科技供给 ·············· 44

3.1 山东省科技创新促进新旧动能转换的情况 ·············· 44
3.1.1 创新投入不断增大 ·············· 45
3.1.2 创新产出快速增长，成效显著 ·············· 47
3.1.3 创新环境持续优化 ·············· 54

3.2 山东科技创新存在的差距和不足 ·············· 56
3.2.1 创新产出数量偏少 ·············· 57
3.2.2 自主创新效率不高，成果转化率较低 ·············· 59
3.2.3 关键技术对外依赖高，产品竞争力不强 ·············· 60
3.2.4 创新投入较少 ·············· 63
3.2.5 高端创新创业平台少 ·············· 65

3.3 深入实施创新驱动发展战略，切实增加科技供给 ·············· 66

目 录

  3.3.1 构建以企业为主体、市场为导向、"政产学研金服用"相结合的技术创新体系 …………… 67

  3.3.2 加强基础研究和应用基础研究，提高原始创新能力 ………………………………… 72

  3.3.3 着眼于推动产业转型发展增加科技供给 …… 74

  3.3.4 大力推动科技成果转化 ………………………… 77

第4章 构建创新驱动加快山东新旧动能转换的制度和政策环境 …… 82

 4.1 制度创新与技术创新的相关理论 ……………………… 82

  4.1.1 技术决定论 ……………………………………… 83

  4.1.2 制度决定论 ……………………………………… 84

  4.1.3 技术创新与制度创新相互影响论 …………… 86

 4.2 山东实施创新驱动发展战略的制度现状分析 ……… 90

  4.2.1 山东创新驱动发展的改革举措和取得的成就 …… 91

  4.2.2 山东创新驱动发展制度建设存在的问题 …… 97

 4.3 强化制度创新和政策创新，不断优化山东的创新创业环境 ……………………………………………… 99

  4.3.1 进一步深化科技体制机制改革 ……………… 100

  4.3.2 完善创新创业激励制度 ……………………… 103

  4.3.3 完善创新创业园区和平台的服务与管理机制 …… 105

  4.3.4 多管齐下营造一个适宜创新创业的生态环境 …… 106

  4.3.5 完善产权保护制度 …………………………… 113

  4.3.6 加快企业管理模式的变革，适应经济国际化要求 ……………………………………… 115

  4.3.7 建设创新型文化 ……………………………… 116

第5章 构建创新驱动加快山东新旧动能转换的人才支撑 …… 118

 5.1 人力资本在创新驱动发展中的作用分析 …………… 118

5.1.1　相关概念 …………………………………………… 118
　　5.1.2　人力资本在技术创新中的作用 …………………… 120
　　5.1.3　创新型人力资本分类 ……………………………… 129
5.2　山东创新型人才队伍建设现状 ………………………………… 138
　　5.2.1　山东创新型人才队伍建设取得的成就 …………… 139
　　5.2.2　山东创新型人才队伍建设存在的差距和不足 …… 145
5.3　加强创新型人才队伍建设，提供智力支撑 …………………… 152
　　5.3.1　构建动态的山东省创新型人才信息数据库 ……… 153
　　5.3.2　着眼于创新驱动发展，增强创新型人才
　　　　　培养的针对性 ………………………………………… 155
　　5.3.3　加大引才力度，实施人才安居工程 ……………… 157
　　5.3.4　搭建人才承载平台，吸引更多的创新型
　　　　　人才来山东 …………………………………………… 158
　　5.3.5　完善创新型人才创新创业的良好环境 …………… 160

参考文献 ……………………………………………………………… 163

第1章 导　　论

1.1　选题背景与研究意义

1.1.1　选题背景

当前，世界范围内新一轮科技革命和产业变革正在兴起。历史已多次证明，每一次科技革命和产业变革都将对世界发展格局产生重大影响。大数据、云计算、移动互联网等新一代信息技术同机器人和智能制造技术相互融合步伐加快，正在引发国际产业分工重大调整，进而重塑世界竞争格局、改变国家力量对比。相关研究表明，从现在到2040年前后，将是新科技革命孕育发展的关键时期，将带来世界发展格局的深刻变化。谁能真正把握住新科技革命的趋势、特征和战略先机，谁就有可能在未来发展中获得领先优势。因此，世界各国都在努力拼抢未来发展的战略先机，纷纷将科技创新作为国家发展的重要战略，超前部署和发展战略性技术及产业。美国把保持其在科学技术最前沿的领先地位作为国家战略目标，先后实施了信息高速公路计划、国家纳米技术计划、氢能研发计划，2015年10月底，美国国家经济委员会和科技政策办公室联合发布了新版《美国国家创新战略》，公布了维持创新生态系统的关键要素。为推动制造业回归，实施"再工业化"战略，美国发布了《美国先进制造业国家战略计划》《先进制造业伙伴计划》（AMP），力图通过发展智能制造夺回全球制造业第一宝座。近年来，日本每年制定《综合创新战略》，制定科技创新立国发展战略的措施，同时实施"产业重振计划"，谋求在国际竞争中胜出。韩国政府制定了国家科技创新发展规划，借此提升全国的创新能力和水平，发布了《第六次产业技术创新计划（2014～2018年）》，为的是打造良性产业技术生态系统，引领韩国迈入产业强国行列。英国政府于2014年12月17日发布《我们的增长计划：科学和创新》战略文件，将可持续创新置于英国长期发展战略的核心，明确要在未来20年以科技发展作为重塑英国经济长期竞争力的关键，目标是使英国成为全球最适合科技和商业发展的国度，同时推行《英国工业2050战略》。德国于2014年底发布的新版《新高科技战略——为德国而创新》（3.0），旨在稳固德国在科技和经济领域的领先地位，并成为创新世界领导者。德国政府于2013年提出《德国工业4.0战略》，确保德国制造业的竞争优势。在这场关于全局的激烈竞争中，科技创新、知识产权将可能成为能否取得竞争优势的关键，亦将成为影响发展中国家工业化进程的最大的不确定性因素。因此，面对当前的科技革命与产业变革，谁能抓住新科技革命和产业变革带来的机遇，谁就能在激烈的国际竞争中立于不败之地，所以科技革命不论是对发达国家，还是对发展中国家，都既是机遇，又是挑战。

当前，我国经济发展进入了新常态，即我国经济发展呈现速度变化、结构优化、动力转换三大特点。我国经济进入新常态后，依靠土地、劳动、资源、资本等要素带动的传统动能模式已经难以为继。要突破这一难题，做好发展动力转换，需要以创新驱动发展，让创新成为发展的第一动力。自十八大我国实施创新驱动发展战略以来，我国

第1章 导　论

科技创新取得了许多成就，成绩斐然，科技创新实力位居世界前列。全球创新指数报告显示，中国成为进入前25名的唯一中等收入国家。中国在创新领域由"追赶"逐渐变为"并跑"甚至"领跑"。"天眼"探空、神舟飞天、墨子"传信"、高铁奔驰、北斗组网、超算"发威"、大飞机首飞，中国"赶上世界"的强国梦实现了历史性跨越。中国桥、中国路、中国港、中国车、中国楼……世界上出现了许多奇迹般的工程。2015年，中国国内专利发明申请量首次超过100万件，连续6年世界第一。中国成为国际专利申请数量增幅最大的国家，中国在知识产权领域的创新已成为全球专利申请增长最主要的推动力。企业技术创新的内在动力在不断增强，出现了华为、腾讯、小米、阿里巴巴、海尔、海信等一大批创新能力强劲的创新型企业。目前我们国家的研发（R&D）投入增速居世界前列，研发人员总量居世界前列，科技支撑引领作用日益凸显，经济增长的科技含量不断提升，科技进步贡献率2017年增至57.5%。[①] 虽然我们取得了巨大的成就，但我们也看到，我国目前经济发展的创新动力还不足，与世界上的创新型国家相比，我们还存在较大的差距，还未进入到创新型国家行列。目前，我国处于"跟跑"的技术约占52%，并跑的技术约占31%，领跑的技术仅约为17%。[②] 我国还存在核心技术受制于人，对外依赖性强的问题。我国关键技术自给率低，每年仅进口芯片一项就要花费超过2000亿美元，高科技含量的关键装备基本上依赖进口。特别是2018年美国对中兴通讯的制裁事件，让我们清楚地看到我们在核心技术方面与发达国家的差距。这也再一次让我们清醒地认识到，核心技术是买不来的，必须依靠我们自己大力提升我国的自主创新能力，为我国的经济发展提供新动能。

[①] 杨舒：《2017年我国科技进步贡献率达57.5%》，载《光明日报》2018年1月1日。
[②] 陈磊：《我国第五次技术预测显示："领跑加并跑"技术接近一半》，载《科技日报》2016年8月1日。

党的十八大明确提出要实施创新驱动发展战略，强调科技创新是提高社会生产力和综合国力的战略支撑，必须摆在国家发展全局的核心位置。这是我们党放眼世界、立足全局、面向未来做出的重大决策，开启了我国加快建设创新型国家和迈向科技强国的新征程。十八届五中全会指出，坚持创新发展，必须把创新摆在国家发展全局的核心位置，不断推进理论创新、制度创新、科技创新、文化创新等各方面创新，让创新贯穿党和国家一切工作，让创新在全社会蔚然成风。创新驱动发展是国家战略，创新驱动发展战略是落实创新发展理念的具体行动。2016年5月，中共中央、国务院发布《国家创新驱动发展战略纲要》提出：到2020年进入创新型国家行列，基本建成中国特色国家创新体系，有力支撑全面建成小康社会目标的实现；到2030年跻身创新型国家前列，发展驱动力实现根本转换，经济社会发展水平和国际竞争力大幅提升，为建成经济强国和共同富裕社会奠定坚实基础；到2050年建成世界科技创新强国，成为世界主要科学中心和创新高地，为我国建成富强民主文明和谐美丽的社会主义现代化国家、实现中华民族伟大复兴的中国梦提供强大支撑。习近平同志在党的十九大报告中强调，我国经济已由高速增长阶段转向高质量发展阶段，正处在转变发展方式、优化经济结构、转换增长动力的攻关期，建设现代化经济体系是跨越关口的迫切要求和我国发展的战略目标。他提出要加快建设创新型国家。

山东作为沿海经济大省，正处于经济转型升级的关键时期。李克强总理在参加2017年全国"两会"山东代表团审议时表示，希望山东努力在保持经济中高速发展上挑大梁、在推动新旧动能转换上勇攻坚、在解决重点民生问题上作表率。2017年4月，李克强总理赴山东考察，又明确要求山东加快推动新旧动能转换，为巩固全国经济稳中向好势头提供重要支撑。为深入贯彻落实习近平总书记系列重要讲话精神和对山东工作的重要指示批示以及李克强总理近期考察山东时的重要指示，2017年6月13日，在山东省第十一次党代会上，刘家义提出，今后5年，山东将牢牢抓住供给侧结构性改革这条主线，要把加快新旧动能转换作为统领经济发展的重大工程。2018年1月10日，国务院原则同意《山东新旧动能转换综合试验区建设总体方案》，请山东省人民政府、国家发展和改革委员会认真组织实施。新旧动能转换的主要内容重点是以"四新"促"四化"，积极培育新技术、新产业、新业态、新模式，加快实现产业智慧化、智慧产业化、跨界融合化和品牌高端化，全面聚集发展新动能。通过新旧动能转换能够实现经济结构转型升级和实体经济升级，从而取得发展新优势，使山东进入创新驱动这一发展新阶段。新旧动能转换将深刻影响山东乃至全国的发展全局。李克强总理考察山东时曾讲到，现在中国经济出现一个很大的变化，就是走势分化的情况从"东西差距"变成了以黄河为界的"南北差距"。山东刚好是黄河穿流而过的省份，山东把新旧动能转换这篇文章做好，对整个经济格局都会起到关键作用。

加快新旧动能转换，是山东在决胜全面建成小康社会、开启全面建设社会主义现代化国家新征程中走在前列的重要战略部署，既是重大机遇，也是重大责任，更是重大挑战。要实现山东新旧动能转换、实现山东经济由大变强，走在全国前列，创新驱动发展战略是核心，也是关键。创新是引领经济发展的第一动力，要深入实施创新驱动发展战略，把创新摆在发展全局的核心位置，不断推动理论创新、科技创新、制度创新和文化创新等全面创新，推动山东经济发展由投资驱动、要素驱动向创新驱动转型升级。

1.1.2 研究意义

本书在技术经济理论、制度经济理论、人力资本理论、现代企业理论等研究基础上，从实施创新驱动发展战略和新旧动能转换背景出发，探讨创新驱动与新旧动能之间的关系，系统论证能够促进创新、以创新驱动加快新旧动能转换的制度和政策体系及人才队伍建设等方面的政策建议。本书将拓展和深化技术经济理论、制度经济理论、人力资本理论、现代企业理论的研究范围。因此，本书的研究具有重要的理论意义和学术价值。

本书的研究也具有重要的现实意义。我国经济进入新常态后，依靠土地、劳动、资源等要素带动的传统动能模式已经难以为继。要突破这一难题，做好发展动力转换，需要以创新驱动发展，以改革驱动发展。山东经济大而不强，质量效益、整体竞争力、总体水平与先进省市有一定的差距。实现新旧动能转换，是打造山东新的发展优势的关键因素，是事关今后发展基础的大事。创新是引领经济发展的第一动力，它能最大限度解放和激发科技作为第一生产力所蕴藏的巨大潜能，推动发展方式向依靠持续的知识积累、技术进步和劳动力素质提升转变，促进经济向形态更高级、分工更精细、结构更合理的阶段演进。只有深入实施创新驱动发展战略，才能推动山东经济发展由投资驱动、要素驱动向创新驱动转型升级，才能做强做优实体经济，从而实现产业智慧化、智慧产业化、跨界融合化和品牌高端化，全面聚集发展新动能。同时，创新驱动传统产业转型升级，实现经济结构优化和高质量发展。因此，以创新驱动加快山东新旧动能转换研究具有重要的现实意义，研究成果将为山东创新驱动发展和新旧动能转换提供决策咨询。

1.2　概念界定

1.2.1　创新和技术创新

国际上对创新的研究起源于美籍奥地利经济学家熊彼特（Schumpeter）提出的创新理论，他于 1912 年在其著作《经济发展理论》中首次提出"创新"概念。熊彼特认为，创新是一个经济概念，而不是技术概念，是经济生活中生产要素和生产条件的重新组合，是将技术等要素引入生产体系使其技术体系发生变革的过程，是对现存生产要素进行的创造性破坏。因此，它是指改变一种生产函数，或者建立一种新的生产函数，即建立新的生产要素的组合比例或生产方法的新组合的过程。按照熊彼特的说法，创新包含了两个不可分割的基本过程：一是发明；二是把发明成果引入商业应用领域，形成一种新的生产能力。其中，后者比前者更重要。熊彼特认为创新包括五种情况：引入一种新产品，引入一种新的生产方法，开辟一个新的市场，获得原材料或半成品的一种新的供应来源，建立新的组织方式。即把创新分为产品创新、工艺创新、市场创新、原材料创新、组织创新。在这些过程中，企业家发挥了最重要的作用。可见，熊彼特的创新概念包含的范围很广，既涉及技术性变化的创新，又涉及非技术性变化的创新。后来人们又把创新划分为技术创新和制度创新两大类型，即从熊彼特提出创新的本义来看，创新指的是一种经济活动，技术创新和制度创新都是从创新概念演化而来的，它们都是创新的一个重要组成部分。按照熊彼特的定义，创新的最准确的汉语翻译应该是"发明成果的商品化、产业化"。熊彼特这一理论创建对后世影响很大。英国教授弗里曼曾深刻地指出，熊彼特最大的贡献是把"创新"从"发明"中区别开来，自那以后，这一点已经被经济理论普遍接受。

美国学者曼斯菲尔德认为，创新"就是一项发明的首次应用"。[①]德鲁克认为，"创新的行为就是赋予资源以创造财富的新能力"。[②] 科技部原部长朱丽兰指出："创新不是'创造新东西'的简单缩写，而

[①] 李正风、曾国屏：《中国创新系统研究》，山东教育出版社 1999 年版，第 24~25 页。
[②] 彼得·德鲁克：《创新与企业家精神》中译本，企业管理出版社 1989 年版，第 30 页。

是具有特定的经济内涵……创新与发明和发现的不同之处在于它是一种具有经济社会目标导向的行为，一般来说，为了使一项发明带来利润就需要创新，但一项创新不一定要基于一项发明。"①

目前，在技术创新的经济学文献中，人们对技术创新的界定并不完全一致。熊彼特虽然最早提出了创新的概念，但他并没有直接对技术创新下严格的定义。首次直接明确地给技术创新下定义的是伊诺斯，他在1962年发表的《石油加工业中的发明与创新》一文中指出："技术创新是几种行为综合的结果。这些行为包括发明的选择、资本投入的保证、组织建立、制订计划、招用工人和开辟市场等"。林恩认为技术创新是"始于对技术的商业潜力的认识而终于将其完全转化为商业化产品的整个行为过程"。② 他首次从创新时序角度来定义技术创新。英国经济学家、《创新经济学》的作者弗里曼把技术创新定义为第一次引入一种产品（或工艺）所包括的技术、设计、生产、财政、管理和市场的过程。他认为技术创新是一个把科技成果转化为能在市场上销售的商品或工艺的全过程。它包括：研究过程（形成新的思想和发明）；新产品开发、试制和生产过程（商业化）。或者说技术创新是一个完整的创新链条。由此可以看出：技术创新不仅是一个狭义的范畴（即它是各种生产要素的重新组合），而且也是一个广义的范畴（即它应包括某一领域甚至整个一个时代的技术革命）；技术创新不仅是研究与开发的结合，更是研究、开发与应用的结合；技术创新的根本目的就是推动发明创造成果在生产中的应用和促进新市场的开拓，从而获得最大限度的利润。廖尔塞在整理几十年来技术创新概念的定义多种表述的基础上，将技术创新重新定义为：技术创新是以其构思新颖性和成功实现为特征的有意义的非连续性事件。这一定

---

① 朱丽兰：《知识正在成为创新的核心》，载《人民日报》1998年7月23日。
② 傅家骥：《技术经济学》，清华大学出版社1998年版，第6页。

义突出了技术创新在两方面的特殊含义：一是活动的非常规性，包括新颖性和非连续性；二是活动必须获得最终的成功实现。①

改革开放以后，西方创新理论逐渐被引进到国内，我国的一些学者也对技术创新下了定义。比较有代表性的有以下几种。傅家骥教授认为："简单地讲，技术创新就是技术变为商品并在市场上销售得以实现其价值，从而获得经济效益的过程和行为。""技术创新是企业家抓住市场的潜在盈利机会，以获取商业利润为目标，重新组织生产条件和要素，建立起效能更强、效率更高和费用更低的生产经营系统，从而推出新的产品、新的生产（工艺）方法、开辟新的市场、获得新的原材料或半成品供给来源或建立企业的新的组织，它是包括科技、组织、商业和金融等一系列活动的综合过程"。② 这一概念突出了技术创新的商业性质。后来的技术创新学科带头人吴贵生教授基本上也沿用这样的说法。他认为："技术创新是指由技术的新构想，经过研究开发或者技术组合，到获得实际应用，并产生经济、社会效益的商业化全过程的活动。"③ 陈文化认为："创新是将新构想创造性地引入社会、经济系统并获得综合效益的动态过程。"④ 贾蔚文等认为，技术创新是一个从新产品或新工艺设想的产生，经过研究、开发、工程化、商业化生产，到市场应用的完整过程的一系列活动的总和。张世贤认为，技术创新是一个始于研究开发而终于市场实现的过程，这一过程的普遍展开就是一项技术成果的产业化实现。技术创新显然并不是技术本身的发展问题，而必须是一系列相互关联的经济行为所组成的复杂系统及其过程。⑤

---

① 傅家骥：《技术经济学》，清华大学出版社1998年版，第7页。
② 傅家骥：《技术经济学》，清华大学出版社1998年版，第13页。
③ 吴贵生：《技术创新管理》，清华大学出版社2000年版，第10页。
④ 陈文化：《腾飞之路——技术创新论》，湖南大学出版社1999年版，第15页。
⑤ 张世贤：《阀值效应：技术创新的低产业化分析》，载《中国工业经济》2005年第4期。

以上是国内外学者对技术创新所下的定义,他们各自从自己的理解和研究领域出发,各有侧重点。在本书中,我们使用以下定义:技术创新是一个从新思想的产生,到产品计划、试制、生产、营销和市场化的一系列活动,也是知识的创造、流通和应用的过程。其实质是新技术的产生和商业应用,而管理、组织和服务的改善也在其中发挥着重要作用。[①]

在十八届五中全会上,习近平总书记提出创新发展理念,创新的概念拓展为以科技创新为核心的全面创新,包括理论创新、技术创新、制度创新、管理创新、商业模式创新、文化创新等,其中最重要的是技术创新。随着经济的发展,人们对创新活动及其对经济社会的影响逐渐深入。创新成为推动经济增长、增强国家竞争力、提高人民生活水平的核心动力。创新是引领发展的第一动力。本书中的创新亦指的是以科技创新为核心的全面创新。

1.2.2 创新体系和创新型国家

创新体系(innovation system)又称创新系统,这种提法最早见于英国著名技术创新研究专家弗里曼(Freeman),他于1987年提出国家创新体系(national innovation system)理论。后来,许多学者开始关注国家创新体系理论。人们对国家创新体系高度重视的一个原因,就是事实表明,技术创新是一个系统化的过程。埃德基(Edquist,1997)谈到,创新不是一个线性过程,而是一个科学、技术、学习、生产、政策、企业、潜在或实在的市场需求等的体制和组织元素之间发生互动关系的体系,即创新体系。拉多塞维奇(Radosevic,1998)提出创新体系可以定义为进入市场前和后的选择机制所构造的技术体

[①] 柳卸林:《21世纪的中国技术创新系统》,北京大学出版社2000年版,第5页。

系和制度安排。克里斯托弗·梅耶认为创新体系是一个综合性地确定创新核心因素的模型。[①]"创新体系"的理论看似将创新的内涵扩大至区域、系统、国家的广度，给人一种无所不包的印象，其实，其核心仍然是创新，它的目的是促进人们用系统的观点看待创新。尼尔森认为，体系应该是一套制度，它们的互动在一定意义上决定了创新的绩效，在上述意义上，也就是一国企业的创新绩效。[②]弗里曼也认为，其实更应该将国家创新体系称作产业技术创新的国家体系。后来，经济合作与发展组织（OECD）给出了国家创新体系的权威解释，它认为创新的系统观点是与演化经济学一脉相承的，演化经济学认为创新是一个"路径依赖"过程，在那里知识和技术在不同行为者和要素之间互动。国家创新体系政策的目的是防止资源错配，最终目的是提高创新绩效。同样OECD也认为，创新概念的内涵是新的产品（含服务）、工艺、市场方法、组织方法的商业化实践过程。我们认为，所谓创新体系，指的是创新的多个主体之间具有互动作用，形成一个创新网络系统。

在本书中，我们主要是从国家创新体系的角度去理解的，它的基本含义是指由公共和私有部门与机构组成的网络系统，强调系统中各行为主体的制度安排及相互作用。具体而言，国家创新体系包括引导层——以政府为核心的技术创新调控系统，核心层——以企业为主体、产学研相结合的技术生产应用系统和服务层——以科技中介机构为核心的技术创新服务系统。[③]该网络系统中各个行为主体的活动及其间相互作用旨在经济地创造、引入、改进和扩散新的知识和技术，

[①] 翁君奕、林迎星：《创新激励——驱动知识经济的发展》，经济管理出版社2003年版，第51页。

[②] 尼尔森著，曾国屏等译：《国家创新体系：比较分析》，知识产权出版社2012年版，第1~10页。

[③] 李丹：《我国国家技术创新体系现存问题及对策分析》，载《科技管理研究》2007年第5期。

使一国的技术创新取得更好的绩效。它是政府、企业、大学、研究院所、中介机构之间寻求一系列共同的社会和经济目标而建设性地相互作用,并将创新作为变革和发展的关键动力的系统。当然,目前对于国家创新体系的研究和定义很多,有些地方还很不一致,但由于国家技术创新体系是其中最重要的组成部分,建立国家创新体系主要就是要建立国家技术创新体系,因此,我国《国家中长期科学和技术发展规划纲要(2006~2020年)》提出了建设以企业为主体,产学研结合的技术创新体系。技术创新体系建设的成功,在很大程度上将决定《国家中长期科学和技术发展规划纲要(2006~2020年)》的成功,决定自主创新的成功,决定建设创新型国家的成功。国家技术创新体系建设的一个重要内容就是制度建设,即如何通过制度安排来推动技术创新。

对什么是创新型国家,国际学术界做了如下界定:把科技创新作为基本战略,大幅度提高科技创新能力,形成日益强大的竞争优势。目前世界上公认的创新型国家有20个左右,包括美国、日本、芬兰、韩国等。这些国家的共同特征是:创新综合指数明显高于其他国家,科技进步贡献率在70%以上,研发投入占GDP的比例一般在2%以上,对外技术依存度指标一般在30%以下。此外,这些国家所获得的三方专利(美国、欧洲和日本授权的专利)数占世界数量的绝大多数。

《国家中长期科学和技术发展规划纲要(2006~2020年)》确定,我国建设创新型国家的标准为,到2020年,全社会研究开发投入占国内生产总值的比重提高到2.5%以上,力争科技进步贡献率达到60%以上,对外技术依存度降低到30%以下,本国人发明专利年度授权量和国际科学论文被引用数均进入世界前5位。中共中央、国务院于2016年5月发布的《国家创新驱动发展战略纲要》,提出了创新型国家建设的战略目标:第一步,到2020年进入创新型国家行列;第二步，到 2030 年跻身创新型国家前列；第三步，到 2050 年建成世界科技创新强国。党的十九大提出要加快建设创新型国家。

本书认为，将科学技术创新作为国家发展基本战略，大幅度提高自主创新能力，主要依靠科技创新来驱动经济发展，以企业作为自主创新的主体，通过制度、组织和文化创新，积极发挥国家创新体系的作用，形成强大国际竞争优势的国家称为创新型国家。

1.2.3 创新驱动

最早把创新驱动作为一个发展阶段提出来的是哈佛大学的迈克尔·波特（Michael Porter）。他在《国家竞争优势》一书中提出创新驱动概念，为国内创新驱动发展战略的研究奠定了重要的理论基础。迈克尔·波特把经济发展划分为四个阶段：第一阶段是要素驱动阶段；第二阶段是投资驱动阶段；第三阶段是创新驱动阶段；第四阶段是财富驱动阶段。驱动特指经济增长的驱动力。[①] 创新驱动阶段的主要动力是创新能力和创新水平，这是一个国家最具有竞争力的阶段。与其他阶段相区别，不是说创新驱动不需要要素和投资，而是说要素和投资由创新来带动。[②]

钱纳里的经济发展阶段理论，对一个国家处于哪个阶段进行了界定，他认为人均 GDP 在 1000~3000 美元时，经济发展主要依靠要素驱动；在 3000~5000 美元时，主要依靠投资驱动；在 5000~8000 美元时，主要依靠创新驱动；在 8000 美元以上时，则主要依靠财富驱动。总部设在瑞士日内瓦的世界经济论坛每年发布的《全球竞争力报告》将经济发展阶段划分为：要素驱动（人均 GDP 低于 2000 美元）、

---

① 迈克尔·波特：《国家竞争优势》中译本，华夏出版社 2002 年版，第 531 页。
② 洪银兴：《关于创新驱动和协同创新的若干重要概念》，载《经济理论与经济管理》2013 年第 5 期。

效率驱动（人均 GDP2000～9000 美元）、创新驱动（人均 GDP 高于 17000 美元）。还有一个指标是矿产商品占总出口的比例，如果高于 70% 则认为这个国家的经济处于要素驱动阶段。

根据波特对创新驱动的阐释，判定一个国家进入创新驱动发展阶段应具备如下五方面特征：（1）企业能够充分发挥自主创新能力，摆脱对国外引进技术及生产方式的绝对依赖，在产品、流程等方面具备竞争优势；（2）创新推动企业向更高层级产业环节发展，实现产业集群的垂直深化，同时形成更大、更新的产业集群，并产生跨产业的扩散效应；（3）消费者对服务提出更高的要求；（4）企业对一些专业性服务，如市场营销、工程顾问等提出更高需求，推动服务业的快速发展；（5）政府不再直接干预产业发展，反之以刺激、鼓励或创造更多高级生产要素，改善需求质量，鼓励新商业模式等间接性举措来推动产业创新发展。①

近年来，随着我国创新驱动发展战略的实施，国内学者也从不同的视角对创新驱动发展战略的内涵进行了理论研究。刘志彪认为创新驱动发展就是推动经济增长的动力和引擎，从主要依靠技术学习和模仿，转向依靠自主设计、研发和发明，以及知识生产和创造。② 洪银兴认为创新驱动发展战略是个系统工程，既涉及知识创新，又涉及技术创新，既涉及经济发展方式的根本性转变，又涉及相应的经济体制的重大改革。③

本书认为，所谓创新驱动，就是指创新成为推动经济增长的主动力，经济增长主要通过技术进步、人力资本（劳动者素质提高）、管

---

① 付英彪：《创新驱动发展的评析、反思与展望》，载《学习与探索》2016 年第 12 期。
② 刘志彪：《从后发到先发：关于实施创新驱动战略的理论思考》，载《产业经济研究》2011 年第 4 期。
③ 洪银兴：《关于创新驱动和协同创新的若干重要概念》，载《经济理论与经济管理》2013 年第 5 期。

第 1 章 导　论

理创新等因素推动，而不是主要靠劳动、资本等生产要素数量的投入推动。创新驱动经济发展具有以下五个特征：一是经济增长主要依靠生产率提高推动；二是研发投入占国内生产总值、研发投入占产业销售收入的比重较高；三是知识技术密集型产业占较大比重；四是拥有一批具有国际影响力的创新型大企业，产业附加值高；五是经济增长资源消耗较低，经济效益较好等。国际上评价创新驱动经济的绩效主要用全要素生产率（TFP）增长对经济增长的贡献率，在我国也称为科技进步贡献率指标。

1.2.4　新旧动能转换

"动能"一词来源于物理学的基本概念，指的是物体由于运动而具有的能量。动能引用到经济学分析框架中，指的是推动、促进经济增长和经济发展的动力。新旧动能转换一词首次正式出现，是李克强总理于 2015 年 10 月 13 日主持召开的部分省（区、市）负责人经济形势座谈会上提出的。当时他对中国经济进行了初步判断为："我国经济正处在新旧动能转换的艰难进程中。"新旧动能转换开始正式出现在国家领导人的讲话中。新旧动能转换自 2015 年提出，到 2016 年内涵不断丰富。2017 年新旧动能转换具体工作不断推进，2018 年中央批复山东新旧动能转换综合试验区。政府对新旧动能转换给予高度重视，学术界也对新旧动能转换相关问题进行了一定的研究。但目前来看，虽然新旧动能转换是政府和媒体的热词，但是学术界并没有给出统一的定义。本书主要从我国经济发展角度对新旧动能转换进行界定。

经济增长和发展的动能就是动力源泉，可以是需求侧的消费、投资、进出口，也可以是供给侧的土地、资源、资本、劳动力和技术。新旧动能转换，简单地说，就是培育新动能、改造旧动能。

新动能是和旧动能相对而言的。所谓新动能，是指新一轮科技革命和产业变革中形成的经济社会发展新动力,新技术、新产业、新业态、新模式这"四新"经济都属于新动能。黄少安教授把新动能概括为:改革开放和体制创新、技术创新、产业的结构转换和产业升级。①新动能既可以"无中生有",也可以"有中出新"。一般来说,要培育和壮大新动能,核心是创新,既有技术创新,也有商业模式创新、管理创新和制度创新,不断衍生出新的产业形态或模式,并促进产业间的融合渗透,成为推动经济发展的新动力。

所谓旧动能,是指传统动能(原有的经济驱动力),它不仅涉及高耗能高污染的制造业,还更宽泛地覆盖利用传统经营模式经营的第一、第二、第三产业。我们几十年以来的经济增长主要是靠大量人力资源和其他自然资源投入、大量投资、大量中低端产品出口、大量投资房地产和改革拉动的动能,这就是我们的旧动能。也就是原来的主要靠土地、自然资源、资本、劳动力等要素投入来拉动的资源消耗型、劳动密集型、粗放式大量投资型、中低端出口型、房地产拉动型的动能,都属于旧动能。当然,新旧动能是相对的、动态发展的,随着技术进步和经济发展,原来的新动能也会变成旧动能。

2017年4月18日,李克强总理在贯彻新发展理念培育发展新动能座谈会上强调,新旧动能转换既来自"无中生有"的新技术新业态新模式,也来自"有中出新"的传统产业改造升级。两者相辅相成、有机统一。这种转换既要加大力度支持新技术、新模式、新业态、新产业发展,为它们"培土施肥",打造中国经济新的"发动机";又要致力于传统产业"挖潜开荒",推动高端化、低碳化、智能化改造,促进"老树发新芽"。因此,新旧动能转换,应该包括三个内容:一是培育新动能,发展"四新产业",提升高新技术产业在产业总量中的份额;二是改造提升旧动能,包括传统产业的转型升级,提升传统

---

① 黄少安:《新旧动能转换与山东经济发展》,载《山东社会科学》2017年第9期。

产业信息化、智能化水平和质量效益,降低资源能源消耗;三是淘汰落后产能,部分落后产能可能还需要"关停并转"。新旧动能转换与产业结构升级、产业发展之间关系密切,新旧动能有序转换是推进第一、第二、第三产业协同发展、融合发展、产业转型升级的内在动力,产业转型升级又为新旧动能有序转换提供强大支撑,二者具有相互促进、相辅相成的关系,共同促进经济发展方式转变和平稳健康发展。① 新动能和旧动能是不可分割的,这两种类型的动能都是促进经济增长的重要方面,需要有机协调两者之间的关联性,做到有机统一,并且随着新动能不断孕育,加速旧动能的淘汰过程。因此,无论是"四新产业",还是传统产业,都需要不断地适应新的政策环境和市场环境,主动创新,不断进步。新旧动能转换是一个不断持续的过程。②

1.3 主要创新点

一是围绕新旧动能转换最重要的着力点——创新驱动进行系统分析,理论上分析了创新是新旧动能转换的根本动力,揭示了创新驱动加快新旧动能转换的作用机理。

二是研究视角的创新,本书从创新驱动加快新旧动能转换的作用机制出发,在对山东与先进省市比较分析的基础上,找出制约山东创新能力提升、加快新旧动能转换的因素,分别从科技创新及影响创新驱动的制度、政策保障和人才支撑三个方面展开论述,系统论证了如何以创新驱动来推动山东新旧动能转换,实现经济高质量发展。

---

① 赵丽娜:《产业转型升级与新旧动能有序转换——以山东省为例》,载《理论学刊》2017年第3期。
② 董彦岭:《全面深刻把握新旧动能的内涵》,载《科学与管理》2018年第1期。

第 2 章 以创新驱动加快新旧动能转换的理论分析

创新就是要解决经济社会发展的动力和动能问题，形成推动新旧动能转换的新动力。新旧动能转换的核心是增长和发展动力机制的转换——由要素驱动、投资驱动转向创新驱动。要提高创新能力，通过创新来推动新技术、新产业、新业态、新模式的产生，并实现产业智慧化、智慧产业化、促进跨界融合化和品牌高端化，从而实现高质量发展。

2.1 创新是新旧动能转换的根本动力

2.1.1 技术创新是培育新动能的源泉

进入 21 世纪以来，新一轮科技革命和产业变革正在孕育兴起，全球科技创新呈现出新的发展态势和特征。互联网、物联网、机器人技术、人工智能、3D 打印、新型材料等多点突破和融合互动将推动新产业、新业态、新模式的兴起，为经济增长注入新活力与新动力。

新技术催生新产品、新产业。智能手机、智能电视、可穿戴设备、无人飞机、智能汽车、机器人等新型智能产品方兴未艾，电子商务、互联网金融、智慧物流、数字医疗、远程教育等新产业迅猛发展。当前，新技术从研发到产业化的周期越来越短。例如，从 1782 年摄影原理的发现到 1838 年照相机的发明，用了 56 年；从 1925 年雷达原理的发现到 1935 年雷达装置的诞生，用了 10 年；从 1987 年多媒体摄像的产生到 1991 年多媒体计算机的产生，用了 4 年；① 而目前互联网、智能终端等领域一个想法的产生到实现的周期往往用月和周来计算。因此，目前科技革命和产业变革相互渗透，对产业发展产生了重要的影响。新技术催生新产品和新产业，技术创新成为培育和发展新兴产业的重要保障。技术创新是培育和发展战略性新兴产业的中心环节。当前，科技革命和产业革命日益融合，只有通过科技创新，才能提升产业层次、推动产业转型升级、推动经济发展方式转变。技术创新成为培育新动能的源泉。

信息技术催生新业态、新模式。在信息技术的推动下，众包、众创、众筹、威客、个性化定制（C2M）、线上到线下（O2O）等新业态新模式层出不穷，甚至将来孕育出新的经济模式。

2.1.2　技术创新是改造和提升传统动能的根本手段

1. 改造提升传统动能的关键在于技术创新

在注重前沿技术创新的同时，利用新技术推动传统产业转型升级，这也是新旧动能转换的重要内容之一。目前，我国企业竞争更加偏重于规模效益和成本方面，导致原材料产业、劳动密集型产业和低

---

① 苗圩：《把握趋势　抓住机遇　促进我国制造业由大变强》，载《中国工业评论》2015 年第 7 期。

附加值产业占比过大，整体处于产业链的中低端，大多数企业都处于加工制造环节，缺少核心技术和自主品牌，大多数产品是技术含量较低、单价较低、附加值较低的"三低"产品，高附加值和高科技含量的产品少。只有大力发展科技创新，增强自主创新能力，拥有核心技术，实施品牌战略，推动制造业由生产型向服务型转变，提高产业附加值，促使工业价值链向前后前端延伸，才能实现工业发展的高端化。如在工业领域，新一代信息通信技术与制造业融合发展，是新一轮科技革命和产业革命的主线，是新一轮产业竞争的制高点，智能制造是抢占这一制高点的主攻方向，同时也是推动制造业转型升级的主攻方向。智能制造成为新型生产方式，带来了生产组织方式的变革，定制化、分散化、融合化与网络化成为智能制造的新特点。同样，科技创新会推动农业转型升级，提高农业生产效率。例如，寿光的大棚蔬菜现在已经发展到第五代大棚蔬菜技术，温度、施肥、浇水、打药等都可利用计算机控制，大大提高了蔬菜的生产效率，节约了人力，增量了供给。第三产业亦是如此。同时由于新技术的推广和应用，推动了各产业之间的融合发展，促进了跨界融合化。

2. 科技创新是推动产业迈向价值链中高端，提升产业国际竞争力的重要途径

20世纪80年代，特别是90年代以来，经济全球化已表现出不可逆转的发展趋势。经济全球化是指跨国商品与服务贸易及国际资本流动规模和形式的增加，以及技术的广泛迅速传播使世界各国经济的相互依赖性增强。在全球化条件下，一国或区域的经济变大变强，国际化是必由之路。一方面，可以通过"引进来"引进国外的资金、先进的技术和管理经验，推动本国经济发展；另一方面，通过"走出去"，更好地利用国外的资源、技术和人才。只有大力通过科技创新，提升产业创新力，才能使本国企业更好地嵌入全球产业价值链，提升在产业价值链中的位置，迈向价值链中高端，推动企业和产业转型升级，提高产业国际化水平和竞争能力。

3. 互联网平台为改造提升传统产业提供了空间

在"互联网+"时代，企业不再是简单地听取用户需求、解决用户的问题，更重要的是与用户随时互动，并让其参与到需求收集、产品设计、研发测试、生产制造、营销服务等环节。这为改造提升传统产业提供了巨大的空间。充分利用新技术改造提升传统产业，这当中有很多案例。例如，青岛酷特，就是一家做服装的传统产业，但是他们用好了信息技术，同时实施了商业模式创新，创新运用了C2M这种新的商业模式。酷特的个性化定制逻辑是，将制造商和顾客置于同一个平台上（酷特APP），顾客提出个性化需求，驱动工厂根据需求生产相应的产品满足顾客需求。酷特在快速收集顾客分散、个性化需求数据的同时，消除了传统中间流通环节导致的信息不对称和种种代理成本，从而降低了交易成本。通过定制化、个性化生产，企业的附加价值大大增加了。

从以上可以看出，在互联网时代，随着信息技术、大数据等的发展和应用，技术创新和商业模式创新相互交织融合，科技创新和商业模式创新相互作用，无论是生产制造业、农业等传统产业，还是金融、医疗、教育等现代第三产业，都在加快与互联网的融合，促进产业智慧化、智慧产业化、产业融合化、品牌高端化，共同推动产业转型升级。

2.1.3 制度创新是创新驱动促进新旧动能转换的重要保障

制度经济学认为，制度决定人的行为和资源配置，进而影响经济绩效。科技创新和新旧动能转换既需要制度创新来推动，也需要制度创新来保障。推动新动能转换要更多地靠创新，这就需要有一套真正能够激励、引导、保护创新的体制机制。

与传统经济基本依靠硬性的生产要素投入不同，新经济新动能不仅跟科技进步和信息化水平联系密切，而且更依赖于制度与理念创新这些软性的因素。培育新动能，更多地根本上要依靠创新，新旧动能转换需要更多地启用科技人才，更多地发展高新技术产业和金融、创意、教育、文化、电子网络等现代服务业，而这些产业都属于制度密集型产业。所谓制度密集型产业，即对制度环境敏感的产业。这些产业交易的频度比较高，交易的合同或契约会比较多，在生产或交易过程中涉及的人比较多，道德风险也比较大。所以，这些产业高度依赖于制度对产权的保护和《合同法》的执行效果。这些产业的沉淀资本少，流动性大，也是它们对制度环境敏感的一个重要原因。[①] 如果说制度环境为传统经济发展提供了产权激励和保护，那么对于新经济新动能而言，制度环境则起到了更为关键的培育与启动作用。与传统经济相比，新经济新动能发展的影响因素更多，不确定性更强，规模效应更大，对产权激励和保护的要求更高。在现代经济中，资本、劳动力、资源等传统因素对经济发展的影响远弱于制度环境。制度之所以能够对经济增长和经济发展有较大影响，是因为好的制度能够有效地降低交易成本、减弱不确定性、保护创新收益。因此，要推动新旧动能转换，必须要有一个鼓励创新、保护竞争、明晰产权、容忍失败的制度环境。

新动能中的"四新"——新技术、新产业、新业态、新模式，需要制度创新来推动和保障。一是通过制度创新，保护各种创新，形成可复制的创新经验，对创新的成果进行制度保护，从而维护创新者的

[①] 张清津：《新旧动能转换重在提升制度竞争力》，载《中国社会科学报》2018年4月18日。

收益、促进创新成果的推广应用。二是通过制度创新，充分发挥市场"看不见的手"和有效发挥政府"看得见的手"的作用，让市场在创新资源的配置中起决定性作用，为创新提供市场激励，加大创新成果的转化和应用。三是通过制度创新来加大基础研究投入，从而提升我国的核心技术和关键技术，为基础研究提供良好的制度环境。四是通过制度创新（如财政、金融制度等制度创新）引导创新的方向，[①] 形成创新激励，为创新营造良好的环境和氛围。只有保护好的科技创新的制度，科学技术才能成为第一生产力，从而推动"四新"，促进"四化"，创新才能成为发展的第一动力，真正实现新旧动能接续转换。

2.2　创新驱动促进新旧动能转换的作用机理

国务院办公厅印发的《关于创新管理优化服务培育壮大经济发展新动能加快新旧动能接续转换的意见》指出，各部门、地方要破解制约新动能成长和传统动能改造提升的体制机制障碍，强化制度创新和培育壮大经济发展新动能，加快新旧动能接续转换。从近几年我国经济发展来看，以高新技术产业为代表的新兴产业发展贡献较大，新动能、新业态、新产业加快成长。国家统计局公布的《中华人民共和国2017年国民经济和社会发展统计公报》中指出，全年规模以上工业战略性新兴产业增加值比上年增长11.0%，高技术制造业增加值同比增长13.4%，快于规模以上工业6.8个百分点，电子和装备制造业工业增加值分别增长13.8%和10.7%，成为拉动工业增长的主要力量。全年新能源汽车产量比上年增长51.2%；工业机器人产量增长81.0%；民用无人机产量增长67.0%。战略性新兴服务业营业收入比

---

① 李增刚：《新旧动能转换需要技术和制度双重创新》，载《国家治理》2018年第6期。

上年增长17.3%。①"互联网+"让互联网与传统行业进行深度融合，是产业转型升级的重要推动力。②

2.2.1 技术创新促进新旧动能转换的作用机理

1. 技术创新产生新技术、新产品，催生新产业、新业态

通过技术创新，不断开发出新的创新产品，新技术、新产品会催生新产业、新业态，大数据、深度学习（AI）、工业物联网、虚拟现实/增强现实（VR/AR）、可穿戴设备、3D打印、无人驾驶汽车、石墨烯、基因测序（精准医疗）、量子通信、高端机器人、云服务等一批前沿科技成果纷纷走出实验室，相继步入产业化阶段，将会催生一大批新兴产业。特别是创新技术的扩散，大大提高了创新产品的生产效率，降低了生产成本，从而给消费者带来便利，如手机、计算机行业即是这种情况。而新兴产业在满足消费需求的同时，也促进了产品本身不断更新升级和相关高技术产业的成长。技术创新不但刺激了消费需求，同时也引发了新的需求，从而也改变和带动了相关联产业的发展，推动了产业结构高级化。其实这就是技术创新创造新动能并推动传统动能转型升级的过程。创新产品的个性化、差异化满足了不同层次的消费需要和不断升级的市场需求，从而改变了需求结构，并推动产业结构向高级化发展。③其实，从历史来看，新旧动能转换总是和科技革命相伴而生的，新旧动能转换的过程伴随着新技术革命的每

---

① 国家统计局：《中华人民共和国2017年国民经济和社会发展统计公报》，国家统计局网站，2018年2月28日。
② 孙丽文、米慧欣、李少帅：《创新驱动新旧动能转换的作用机制研究》，载《河北工业大学学报》2018年第7期。
③ 潘宇瑶：《自主创新对产业结构高级化的驱动作用研究》，吉林大学博士学位论文，2016年12月。

一次前行（见图 2-1）。①

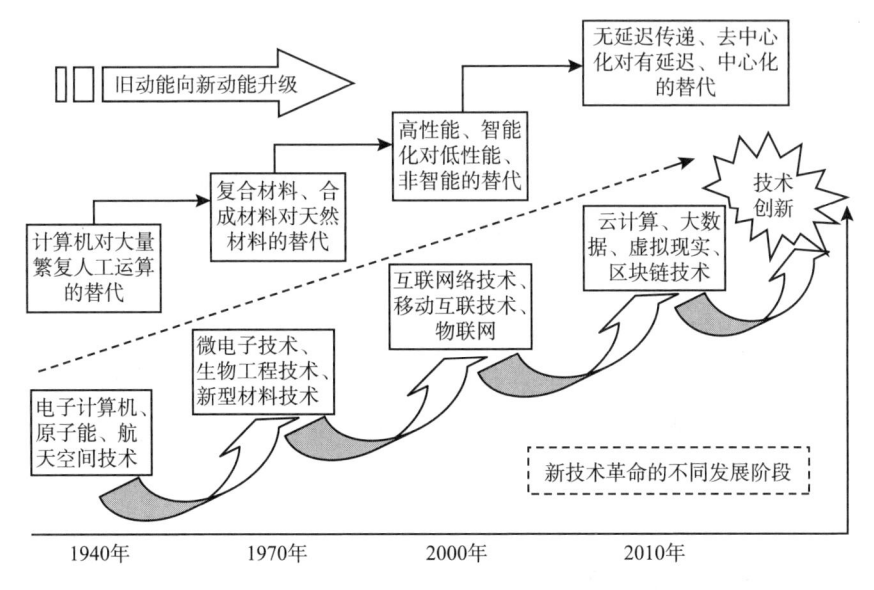

图 2-1　新技术革命与新旧动能转换的共同发展

注：图中的四个阶段表示了新技术革命四个发展阶段的典型技术形态。

2. 技术创新通过提高全要素生产率促进新旧动能转换

根据著名经济学家罗默（Romer）的知识溢出模型，内生的技术进步是经济增长的唯一源泉。罗默假定：（1）知识是追逐利润的厂商进行投资决策的产物，因此知识是经济系统决定的内生变量；（2）知识具有溢出效应，任何厂商生产的知识都能提高全社会的生产率。② 罗默认为，知识溢出对于解释经济增长是不可缺少的，技术进步是保

---

① 杨惠馨、焦勇：《新旧动能转换的理论探索和实践研判》，载《经济与管理研究》2018 年第 7 期。
② 朱勇、吴易风：《技术进步与经济的内生增长——新增长理论发展述评》，载《中国社会科学》1999 年第 1 期。

证经济持续增长的决定因素。A>0（A为知识存量，后来一般代表技术进步）的情况下，技术水平对产品产出有正的影响，技术进步使中间产品和最终产品的生产呈规模收益递增趋势。提高知识积累，提升创新效率都能够使最终产品产量快速提高，从而提高劳动生产率，提高全要素生产率。

著名经济学家卢卡斯的人力资本增长模型则强调人力资本对经济增长的作用。在卢卡斯增长模型中，技术进步的程度通过人力资本的变化率来表示，人力资本的变化率取决于人力资本原有存量和人力资本形成所用的时间，人力资本存量越大、建设时间越短则效率越大，技术进步水平越高，技术进步推进资本收益率的提高，进而增加产业的剩余价值积累，提升产业竞争力。另外，专业化细分的人力资本有利于促进分工深化，细密的分工协作将形成高效的产业网络组织，网络组织中的资源共享有利于降低交易成本，促进产业的衍生和成长，最大限度地发挥集群网络的特点，强化产业竞争优势，增加产业整体的产值水平和市场份额。总之，人力资本的增值性是经济持续增长的动力，人力资本的总量积累和结构优化发展越快，经济部门产出增长越大，产业发展层次越高，从而进一步推进产业结构向高层次的调整，提高经济社会的产业结构水平。这也说明，人力资本的状况是决定新动能培育及旧动能向新动能转换的关键因素，也是技术创新影响新旧动能转换的关键要素。

以上两个理论都表明，一个企业的创新活动（R&D活动）将提高企业的生产效率，降低企业的成本，提高企业的竞争力。扩展到整个产业，产业创新能力的增强将提升产业整体的生产效率和产业竞争力。同时产业生产效率的提高会引致资本流动。大量社会资本流入生产率增长较快的产业，进一步形成进行技术创新的有利条件，技术创新水平的提升又促进产业生产率的攀升，影响产业的产出水平，促进产值比重的增加，从而改变经济社会整体的产业结构。而生产率较低的产业由于资本流出，竞争力减弱，产业比重降低，这样落后产能会退出市场。技术创新水平较高的产业对技术水平较低的产业产生挤出效应。因此，技术创新将通过生产效率的提高来增强企业和产业的新动能，改造提升传统动能，从而加快新旧动能转换。

3. 技术创新通过技术扩散效应促进新旧动能转换

熊彼特认为，技术扩散也就是技术模仿，当新技术刚开始出现在某些企业并取得好的效益时，其他的一些企业也开始模仿，新技术的应用会扩散，提高产业的技术水平，这样会提高整个产业和社会的经济效益，促进经济增长。斯通曼则将技术扩散定义为"一项新技术的广泛应用和推广"，认为技术创新趋近于一个学习的过程，新技术会在社会范围内形成示范效应。[①] 技术扩散在作用于产业升级过程中，有横向扩散和纵向扩散两方面的扩散效应。横向技术扩散存在于产业内的螺旋式技术创新驱动模式中，即一项技术创新引起竞争性厂商的进一步创新，提升厂商的利润率，增加厂商的产品产值，从而提升整个产业发展水平。在长期中，技术创新的横向扩散效应不断提升创新产业的生产效率和利润率水平，对生产率低下的产业进行筛选淘汰，进而改变整个产业发展的结构，在培训新动能的同时淘汰落后产能，推动新旧动能转换。纵向扩散效应通过产业链对产业结构产生关联影响。一项核心技术的突破往往可以带动相关的产业迅速发展，通过对产品价值链上、下游产业的改变来改变产业关联，从而形成全新的产业网络，驱动整个创新网络中的产业向高级化发展。新技术的应用会产生具有高生产率、低成本的中间产品，对中间产品的投入使用进一步有效地降低了下游产业的生产成本，从而对下游产业的产品价格产

[①] 李汝凤：《我国稀贵金属产业创新驱动发展研究——基于技术创新与制度创新》，云南大学博士学位论文，2014年。

生影响，增加产业产值。另外，下游产业如果预期上游产业的技术创新会形成新的市场状况，便会做出引进新技术的决策以适应预期的市场均衡，从而形成了上游产业技术革新引致下游企业技术进步的模式。周而复始，纵向的技术创新扩散效应通过产业链关联形成动态、系统的影响过程，以相关产业的低成本优势增强产业竞争力，促进技术密集型产业挤占市场份额，进而提升经济体系的产业结构水平。①

4. 技术创新通过开辟新的市场促进新旧动能转换

创新活动不是突然发生的，而是技术、市场、制度等系统要素共同演化的长期、动态过程。熊彼特的创新理论指出，开辟新的市场、寻找新的客户群是创新的一种形式。因此，通过对技术创新产生的新产品开辟新的市场，增加新的市场需求总量，优化需求结构，从而达到培育市场效应的作用。需求市场的扩大，会对产业发展产生正向引致作用，又进一步为企业和产业提高技术水平和提高营业利润提供支持。例如，"在第二次工业革命开始时，美国并不是新技术的最初发明者，巨大的国内市场规模是美国抓住第二次工业革命'机会窗口'的决定性因素。由于本国市场狭小，欧洲技术创新在原有技术轨道上，难以开发新产品并大幅度提高生产率，而一旦被引入到美国，美国科学家和工程师很快就开发出了生产效率高于欧洲的新产品和新工艺，并申请专利，开辟新技术轨道，摇身一变成为新技术革命的领导者，历史经验说明，对于处于追赶阶段的发展中大国，市场重于技术。"② 由此可见市场在技术创新中的重要性。如果说研发等技术创新活动是从产业链高端的前端实施创新驱动，那么开辟新的市场则是从价值链的另一高端入手实施后端创新驱动。应用服务阶段，是新技术

---

① 刘惠：《创新驱动产业结构升级的作用机制分析》，兰州财经大学硕士学位论文，2017年。

② 贾根良：《从价值链高端入手实现技术追超》，载《科技日报》2013年5月27日。

和新产品直接面向市场的过程，实现将前期积累的知识、人力等各方面资源转化为经济效益，此时创新会带动一批新兴产业的崛起，不断刺激新产品和新服务的出现，改变经济动能结构。① 总之，创新型技术以市场需求创新为导向，通过提高生产效率，进而促进高效率产业的快速发展，以致逐渐淘汰低附加值、低生产效率的产业，从而驱动新旧动能转换。利用互联网进行的商业模式创新如 C2M、面向市场营销的电子商务企业（B2M）等都应属于市场创新驱动新旧动能转换的具体探索。

2.2.2 "互联网＋"推动新旧动能转换的作用机理

在创新驱动加快新旧动能转换中，随着信息技术的推广和应用，"互联网＋"在培育新动能、推动传统产业转型升级中起着非常重要的作用。近年来，新一代信息技术革命、新工业革命以及制造业与服务业融合加快发展，催生了以市场为导向，以技术、应用和模式创新为内核的新型形态。随着互联网技术的广泛应用，新的商业模式不断涌现，并与传统的商业模式、消费模式融合渗透，催生出云计算、物联网等一系列新业态，深刻地改变着人们的生产方式和生活方式，从而推动消费加快增长，例如，出现了电子商务、网络叫车、"慕课"、移动办公、互联网金融、智能家庭、远程医疗、网络旅游等一批新业态，也产生了众包、众筹、C2M、O2O 等新的商业模式。所以本书单独分析"互联网＋"推动新旧动能转换的作用机理。

"互联网＋"是我国工业和信息化深度融合的成果与标志，也是进一步促进信息消费的重要抓手。利用"互联网＋"，可以推动第一、

---

① 孙丽文、米慧欣、李少帅：《创新驱动新旧动能转换的作用机制研究》，载《河北工业大学学报》2018 年第 7 期。

第二、第三产业融合发展（跨界融合化）和产业转型升级。本节中以工业为例进行分析。通过"互联网+工业"，积极引导传统工业企业实施互联网转型，则是促进产业转型升级的重要途径。"互联网+工业"，将会通过移动互联网、云计算、大数据、物联网等信息通信技术，对传统工业造成颠覆性、革命性的冲击。互联网与工业多领域、多环节融合将引发重大变革——实现产品个性化、制造服务化、过程虚拟化、组织分散化、制造资源云化等。"互联网+工业"将会从生产力和生产关系角度全面驱动工业创新发展，推动产业转型升级。在生产力方面，互联网通过形成新的生产要素和新的基础设施驱动传统产业创新发展。数据、信息成为新的生产要素（驱动要素），并将成为核心的生产要素，而网络则成为新的基础设施，信息、数据和网络成为驱动传统产业创新发展的新动力。在生产关系方面，"互联网+"将是构建新型生产关系的驱动力量，形成新的分工体系、新的商业模式和新的组织模式，从而驱动传统产业创新发展。

1. 信息和数据成为新的生产要素

在互联网时代，除了劳动力、土地、资本、技术、管理等传统要素外，信息、数据将成为新的生产要素，而且是核心要素。"互联网+"的一个重要特征是连接一切，实现人与人、人与物、物与物、人与服务、人与场景相连。随着万物相连，它们在交互过程中产生了大量数据。这些数据蕴含和产生了巨大的价值，从而使互联网成为像公路、铁路、码头、电力、热力等一样重要的基础设施，数据成为如同土地、资本、自然资源一样的经济生产活动的重要投入要素。信息和数据的处理、使用无疑将对产业发展产生重要影响，甚至成为影响产业竞争力的重要因素。也可以说，互联网、大数据时代，信息也成为了企业、产业乃至区域经济发展的新动力。谁掌握信息和数据，谁就占据主动地位。例如，企业拥有消费者的信息和以往消费习惯的大数据，就能开发出更多更好地符合消费者需求的产品和服务。特别在个性化、多样性消费的时代，信息和数据成为影响企业发展的重要因素。

2. "互联网+工业"将重塑制造业"微笑曲线"价值链

价值链中的各个环节将共同创造价值、共同传递价值、共同分享价值。传统意义上的制造业价值创造和分配模式正在发生转变，借助互联网平台，企业、客户及利益相关方纷纷参与到价值创造、价值传递及价值实现等生产制造的各个环节。个性化定制把前端的研发设计交给了用户；用户直接向企业下达订单，也弱化了后端的销售，从而拉平"微笑曲线"，并重新结合成价值环。① 这对价值链前端的研发活动和后端的销售服务都产生了深远的影响，为企业迈向价值链中高端提供了更多的可能。开放式的研发活动，能够聚集到更多的智力资源为企业所用，大大提高了研发的投入产出，为企业发展增强了新动能；后端的销售服务的改变，对企业的声誉、品牌将产生更大的影响（网络评价，传播快且广），能更好地助推企业品牌的高端化。

3. "互联网+工业"将推动两化深度融合，促进产业融合化

"互联网与工业融合"这样的发展方式，将给我国制造业带来巨大的发展契机。中国制造由大变强，就要依靠数字化、网络化、智能化形成的巨大的知识空间、网络平台，使之与制造业进行融合、嫁接、创新，最终改变制造业，提升制造业，创新制造业。智能制造已经作为"中国制造2025"的突破点和落脚点，这意味着，制造业即将推动智能化，并不断加深两化深度融合。无论是德国的"工业

---

① 王喜文：《工业4.0、互联网+、中国制造2025 中国制造业转型升级的未来方向》，载《国家治理》2015年第6期。

4.0"还是美国的工业互联网，都是要建立一个物理信息系统（CPS），将人、机器、资源和产品有机联系起来。由于从入厂到生产、销售、出厂物流和服务的整个过程实现数字化和基于信息通信技术的端到端集成，一方面，智能工厂能实现高度的柔性化，根据市场需求灵活安排生产；另一方面，智能工厂能及时响应客户需求，以具有竞争力的成本实现大规模定制，甚至生产个性化定制的产品也能获利。

4. "互联网+工业"推动制造业服务化

当今社会，制造业的价值分布从制造环节向服务环节转移，研发、设计、品牌管理、综合解决方案提供、售后服务指导等活动从制造企业独立出来，成为专业化的生产性服务企业。由于信息技术的发展和支持，制造企业提供增值服务的成本大大降低，使制造业的多元服务化转型成为可能，制造业和服务业的边界也日益模糊。例如，作为飞机发动机的主要供应商，美国通用电气公司早期提供的服务是被动式维修，或根据零部件损耗的经验对机器进行定期维护，但在移动互联网和数据分析的驱动下，公司能实时监测发动机工作情况，并就其运行结果而非功能与客户签订合同。并且，由于信息技术的发展，有些产品本身就是智能产品，企业可根据产品提供的信息提供全方位跟踪服务。

5. "互联网+工业"更有利于大众创业、万众创新，促进智慧产业化

"互联网+工业"是"信息共享+物理共享"，由此可以开创全新的共享经济。借助互联网平台，能够带动大众创业和万众创新。信息技术的发展及其与其他产业的渗透融合产生出一些不同以往的新商业模式，从而改变传统产业的企业竞争模式和竞争格局。信息技术、

3D打印、智能制造极大地提高了企业对用户需求的响应速度，并能快速对产品进行改进，及时将产品发送给用户。由于产品改进、重新生产及分发成本大幅降低，企业基于研发的改进和市场反馈不断进行微创新和快速迭代，从而推进企业不断创新。在"互联网+"环境下，创新已从单一技术性创新走向产业链式、平台式和生态式创新。产业链式创新泛指产业链纵向或横向的协同创新。平台式创新充分利用互联网平台的连接、共享、开放，助力企业在较短时间内以低成本整合所需资源，创造新的形态和模式。生态式创新则是整合供给方、需求方以及市场环境，形成有机整体的协同创新模式，是对产业链式创新和平台式创新的综合与延伸，并形成大众创业、万众创新的新形态。同时，由于互联网提供的平台，众筹、众创等新形式不断出现，更有利于全社会的创新创业活动，从而有利于智慧产业化。

"互联网+农业""互联网+服务业"，同样的原理可以培育新动能，改造提升传统动能，促进新旧动能接续转换。

2.2.3 制度创新促进技术创新及新旧动能转换的作用机理

1. 制度影响技术创新的作用机理

（1）制度通过确保创新者的创新收益促进创新活动。

创新成果有很强的外部性。一般来讲，外部性有正的外部性（将可察觉的利益加与别人）和负的外部性（将可察觉的损失加与别人），创新的外部性则通常表现为前者——即创新的外部性最明显地表现为"外溢效应"和创新成果的"公共产品性"。创新成果作为一种具有公共产品性质的知识，决定了它的使用具有非排他性和非竞争性，从而造成这种知识将无法排除他人对它的使用。这会导致知识的外溢，对技术创新收益的独占性形成严重的挑战，而最终则会导致利益的外溢。对这种利益溢出，阿罗1962年便指出，由创新所引发的利益既不能完全被创新者独占，也无法完全扩散到使用者之中。这使得创新的私人收益率和社会收益率之间存在一定的差距：私人收益率远远低于社会收益率。

创新溢出所带来的社会效应有正反两个方面。一方面，创新溢出会提高整个社会的创新能力和技术水平，并且还避免了不同创新主体之间的重复研究和重复实验，避免了创新资源的浪费，提高了创新成果使用的社会效益。另一方面，创新成果的"外溢效应"不可避免地存在"搭便车"行为：个人不愿为创新产品中具有公共性的创新知识的生产支付费用，不愿承担该生产过程中的成本和风险，总想在别人创新之后供自己免费享有。创新者创新成果无偿被他人利用，其结果是对创新者创新激励的严重削弱，使创新者缺乏动力，从长远看将导致整个社会创新能力的衰竭，并由此造成社会发展的停滞。在技术创新中如果缺乏科技人员成果的界定和保护就会存在"囚徒困境"。因此，要保证创新者持久地进行创新活动，就必须对创新者实施激励，使创新成果具有排他性，保证其创新成果在一定时期内不能被他人无偿使用，或者实行特定的社会规则，给创新者一定的利益补偿。而要做到这些，就需要一定的制度安排，以制度的形式给创新者以创新收益，保证其创新和私人收益率接近社会收益率。正如诺思所说："有效率的经济组织是经济增长的关键；一个有效率的经济组织在西欧的发展正是西方兴起的原因所在。有效率的组织需要在制度上做出安排和确立所有权以便造成一种刺激，将个人的经济努力变成私人收益率接近社会收益率的活动。"[①]

（2）制度减弱不确定性。

创新创业行为本身面临着很多不确定性，这会给人们的创新创业

---

① 诺思、托马斯：《西方世界的兴起》，华夏出版社2009年版，第5页。

决策带来困难。同技术成熟的产品相比,技术创新要经过许多阶段,这样会产生较高的不确定性,如研究开发的不确定性、试验和生产的不确定性、市场的不确定性等。这势必也会影响技术创新的动力,因此,一定的激励也是非常必要的。创新就是一种风险很大的行为,可能成功也可能失败,成功后丰厚的收益回报是企业家及研发型人力资本进行创新的一大动力。而制度具有减少不确定性的作用,只有从制度上(主要是知识产权制度)确保创新的收益,才能调动起创新的积极性和主动性。正如诺思所说:"制度在一个社会中的主要作用是通过建立一个人们相互作用的稳定的(但不一定是有效的)结构来减少不确定性。"[1] "制度的存在是为了降低人们相互作用时的不确定性。这些不确定性之所以存在,是所要解决的问题的复杂性以及个人所有的解决问题的软件(用一种计算方法)不足的结果"。[2]

(3)制度为创新提供约束,为经济主体在创新创业中实现合作创造条件。

一定的制度可以提供创新创业所要求的各种有关的技术规范、框架以及行为与活动的准则等,从而使创新创业的实现具有行为度量的标准,为在创新中实现合作创造条件。促进合作以减少经济活动中的不确定性和信息成本,规范行为主体之间的相互关系,就能够减少或降低创新创业中阻碍合作的因素,使行为主体形成稳定的预期,为人们在创新创业中达成合作创造条件。

(4)制度能够降低创新创业中的交易费用。

制度可以降低创新中的交易费用,通过降低经济活动中的不确定性、抑制"经济人"的机会主义倾向、提供稳定的预期等降低交易费用,促进技术进步,并使技术产业化,从而促进经济发展。

---

[1] 诺思:《制度、制度变迁与经济绩效》,上海三联出版社1994年版,第7页。
[2] 诺思:《制度、制度变迁与经济绩效》,上海三联出版社1994年版,第734页。

（5）制度影响技术成果转化和技术创新扩散。

制度在技术成果转化和技术创新扩散过程中具有重要作用，不同的制度环境选择影响到整个技术成果转化和技术创新扩散的速度和结果，从而直接影响人们的创新创业活动。相对完善的科技成果转化制度和知识产权保护制度，无疑有利于成果的转换；反之，将阻碍成果的转化及产业化。

通过以上论述我们可以得出如下结论：激励是制度的基本的、核心的功能，制度的激励功能是通过将外部性内部化、为合作创造条件、降低交易费用、减弱不确定性等达到的。因此，制度对于创新行为的一个重要作用是提供激励机制。正如丹尼尔·W. 布罗姆利（Daniel W. Bromley）所说："任何一个制度的基本任务就是对个人行为形成一个激励集，通过这些激励，每个人都将受到鼓舞而去从事那些对他们是良有益处的经济活动，但更重要的是这些活动对整个社会有益。把创新视为提高创造财富潜在的现实能力的一种行为，那么创新不仅对创新者个人是有益的，而且最终社会利益将因为个人的创新而得到增进。正是创新的这一规定性决定了对创新行为的激励是必要的：尽管不同的政治体制会选择不同的方式方法来设计这些激励机制，但基本的经济问题仍是一模一样的。也就是说，没有一个社会能长期将那种不鼓励个人发明创造的激励机制付诸实施。"[①] 因此，山东要实施创新驱动发展战略，促进新旧动能转换，关键在于加强制度创新，加强体制机制改革，建立和完善能够激励人们创新创业的制度体系。

2. 制度创新促进新旧动能转换的作用机理

制度创新促进新旧动能转换主要有两个层面：微观层面的企业管

[①] 丹尼尔·W. 布罗姆利著，陈郁等译：《经济利益与经济制度》，上海三联书店1996年版，中译本序第17页。

理制度创新和政府层面的制度创新。

(1) 企业管理制度创新。

新旧动能转换的主体是企业，新旧动能转换的最终落脚点在企业。因此，企业内部的制度创新是推动企业技术创新、提高生产效率、培育新动能，从而提高企业竞争力的关键。

企业可以通过改革和完善管理制度，促进各种资源向创新方向配置，形成构建创新型企业的氛围，从而增强企业开发新技术、新产品的生态环境，培育新动能，如海尔实施的组织创新——无边界化行动。海尔的无边界理论的核心是通过营造创业平台，释放员工潜能成为创客；员工创客产生的 2000 多家小微企业对接社会资源，满足广泛且个性化的客户需求；以社会化服务扩展客户市场规模；以海尔创客形成"漏斗状"引力奇点，在产品迭代升级中避免"被旁路"。海尔通过自主性组织创新，取得了阶段性成果，调动了员工创新的积极性，大大提高了企业的活力，新产品和新技术不断涌现，培育了企业持续发展的新动能。

企业通过完善激励制度，激发企业中各类创新型人才的积极性，优化创新资源配置，将会推动企业的 R&D 活动及其他创新活动的发展。

(2) 政府层面的制度创新和政策创新。

政府通过制度创新和政策创新来为企业等微观主体的创新驱动新旧动能转换提供良好的制度、政策环境和市场环境保障；通过制度创新，主要是通过体制机制改革，破解制约新动能成长和传统动能改造提升的体制机制障碍、培育壮大经济发展新动能、加快新旧动能接续转换。党的十九大提出要着力构建市场机制有效、微观主体有活力、宏观调控有度的经济体制，不断增强我国经济创新力和竞争力。

前面我们曾经讨论了制度创新对技术创新的作用机理及制度创新对新旧动能转换的作用。我们了解到制度创新可以通过影响技术创新来作用于新旧动能转换。第一，政府管理制度创新改进对企业、高校、科研院所、创新创业者的服务，对相关的法律法规和政策进行适时的动态调整，主动适应培育新动能和提升改造传统动能的需要，进一步提高行政审批效能，提高服务标准，营造一个有利于创新驱动促进新旧动能转换的营商环境。第二，财政、金融等政策创新，通过财政转移支付、税收减免、信贷支持、设立引导基金等形式，从资金角度支持新技术、新产品、新业态、新模式等新动能的培育，同时也支持传统产业的技术改造、落后产能的退出，促进传统动能升级。第三，政府可以通过市场监管制度创新，加强政府的宏观调控，充分发挥"看得见的手"的作用，同时充分发挥市场机制"看不见的手"的作用，激发市场活力，推动各种要素向创新领域配置，提高资源配置效率，促进创新成果的转化应用，促进新动能的培育和传统动能的转型升级。第四，完善人才制度，进一步改革和完善培养人才、引进人才和使用人才的机制，构建人才创新创业的激励机制，激发人才创新创业热情，为新动能培育和旧动能转换提供人才支撑。

总之，中央政府和地方政府所进行的一系列的制度和政策改革，目的就是破除当前阻碍新旧动能转换的体制障碍，为新旧动能转换提供一个良好的制度环境，形成良好的市场环境。制度是新旧动能转换的保障，只有不断进行制度创新，才能保障新旧动能接续转换，为经济发展提供动力。

2.3 以创新驱动加快山东新旧动能转换的必要性

山东是经济大省、工业大省，特点之一就是传统产业比重较高，高耗能产业比重高，约各占70%。如何培育新动能、提升传统动能、推动传统产业转型升级，是山东省经济转型发展的重要任务。实施创新驱动发展战略,使山东经济发展由要素驱动、投资驱动转向创新驱动,实现动力转换,是实现山东经济高质量发展的必由之路。

2.3.1 实施创新驱动是应对国际新形势提升区域经济竞争力的必然选择

世界范围内新一轮科技革命和产业变革正在兴起,全球科技创新进入密集活跃期。伴随着物联网、云计算、社会计算、大数据、第五代移动通信技术等新一代信息技术与用户创新、开放创新、大众创新、协同创新等创新模式结合,当今全球科技创新已进入革命性颠覆式创新阶段。颠覆性创新成果加速催生新的产业组织和商业模式。大数据、云计算、移动互联网等新一代信息技术同机器人和智能制造技术相互融合步伐加快,正在引发国际产业分工重大调整,进而重塑世界竞争格局、改变国家力量对比。一次次科技革命,催生出一代代经济强国。从蒸汽时代到电气时代再到信息化时代,每一次科技革命都深刻地改变了人们的生产和生活方式,并影响着一个国家和民族的命运。科技创新在哪里兴起,发展动力就在哪里迸发,发展制高点和经济竞争力就转向哪里,现代化高潮就兴起在哪里。科技创新已经成为增强综合国力和国家核心竞争力的决定性因素。

我国既面临赶超跨越的难得历史机遇,也面临差距拉大的严峻挑战。党的十八大以来,我国大力实施创新驱动发展战略,我国创新能力有了大幅提升,我国科技创新取得了许多成就,成绩斐然。山东的科技创新也取得了很大的成就,科技支撑引领作用日益凸显,经济增长的科技含量不断提升,科技进步贡献率 2016 年增至 57.6%。[①] 十

---

① 数据来源于山东省统计局。

九大报告指出，必须清醒地看到，我们的工作还存在许多不足，也面临不少困难和挑战，创新能力不够强就是其中之一。因此，我们面临新机遇和新挑战。只有深入实施创新驱动发展战略，加快建设创新型国家，全面增强科技创新能力，才能在新一轮全球竞争中赢得战略主动，提高我国的国际竞争力。作为经济大省的山东，面对新一轮的科技革命和产业变革带来的机遇和挑战，必须紧紧抓住这次机遇，深入实施创新驱动发展战略，早日建成创新型省份，提高国际竞争力。

2.3.2 实施创新驱动是新时代实现社会主义强国目标和解决主要矛盾的内在要求

1. 实现社会主义强国目标的内在要求

十九大报告"分两个阶段安排"建设现代化社会主义的既定目标：从2020年到2035年，在全面建成小康社会的基础上，再奋斗15年，基本实现社会主义现代化，从2035年到21世纪中叶，在基本实现现代化的基础上，再奋斗15年，把我国建成富强民主文明和谐美丽的社会主义现代化强国。科技是国之利器，世界上的现代化强国无一不是创新强国、科技强国，要实现社会主义现代化强国目标，必须要加快建设创新型国家，早日建成科技强国。

2016年5月发布并实施的《国家创新驱动发展战略纲要》制定了建设创新型国家建设的战略目标，每个阶段的目标都与我国现代化建设"三步走"的目标和制造业强国目标相互呼应、提供支撑。第一步，到2020年进入创新型国家行列，基本建成中国特色国家创新体系，有力支撑全面建成小康社会目标的实现；第二步，到2030年跻身创新型国家前列，发展驱动力实现根本转换，经济社会发展水平和国际竞争力大幅提升，为建成经济强国和共同富裕社会奠定坚实基础；第三步，到2050年建成世界科技创新强国，成为世界主要科学中心和创新高地，为我国建成富强民主文明和谐美丽的社会主义现代化国家、实现中华民族伟大复兴中国梦提供强大支撑。因此，山东也必须深入实施创新驱动发展战略，建设现代经济体系，为实现中华民族伟大复兴中国梦贡献力量。

2. 解决新时代主要矛盾的重要手段

党的十八大以来，在以习近平同志为核心的党中央坚强领导下，中国特色社会主义进入新时代，十九大报告指出，我国社会主要矛盾也发生了变化，已经由原来的人民日益增长的物质文化生活需要同落后的社会生产力之间的矛盾，转化为人民日益增长的美好生活需要和不平衡不充分的发展之间的矛盾。而要解决这一主要矛盾，大力提升发展质量和效益，关键在于以科技创新引领全面创新，以经济发展带动全面发展的建设格局，以满足人民日益增长的美好生活需要。

改革开放以来，我国经济高速发展，国民收入水平大幅提高，但也存在一定的问题，如高污染、高能耗、资源浪费等问题突出，不协调、不平衡等结构性矛盾严重，人口、生态、资源等瓶颈已成为不得不亟待解决的问题。山东在这方面存在的问题也非常突出。针对目前存在的产业结构、区域结构等发展的不平衡、不协调问题，不能再依赖信贷和投资驱动，否则就会雪上加霜，进一步推高杠杆率和企业库存，导致僵尸企业和过剩产能存续，市场出清的机制调节无法实现。而技术创新和制度创新给生产要素的重新组合提供了方向和框架，让科技和人才不断积累，促进全要素生产率的提高，从而为经济增长持续提供动力。广大人民群众除了对更高品质的物质消费有需求之外，还对医疗、教育以及其他的公共服务业有更高、更广泛的需求。科技创新不仅能解决经济效率问题，更为重要的是能加快新科技、新产品、新服务在生产和市场上的应用和扩散，从而满足人们的新需求。

要充分发挥科技创新在应对人口老龄化、消除贫困、保障人民健康、保护生态环境、维护公共安全等方面的关键作用，让创新成果造福更多百姓生活、惠及更广大人民群众。只有不断提高科技创新能力，早日建成创新型国家和创新型省份，推动新旧动能持续转换，实现经济社会高质量发展，才能更好地解决新时代的主要矛盾。

2.3.3 实施创新驱动是实现全省经济由大到强转变的重要抓手

党的十八大以来，习近平总书记做出我国经济发展进入新常态的重大判断，强调要推进供给侧结构性改革。党的十九大指出，我国经济由高速增长阶段转向高质量发展阶段，要加快建设现代化经济体系，培育新增长点、形成新动能。

改革开放以来，山东经济发展取得了很大的成就，在全国区域发展格局中一直处于优势地位。但近十年山东的经济发展存在一些问题，对标先进省市，山东的产业结构不优，新动能成长不快，发展活力不足，经济效益不高，区域竞争优势不再。由于多种原因，山东形成了资源型、重化型产业结构，产业层次低、质量效益差、污染排放重。山东两个70%问题突出：传统产业占工业比重约70%，重化工业占传统产业比重约70%，产业结构偏重，高耗能行业比重偏高。山东主营业务收入排前列的轻工、化工、机械、纺织、冶金多为资源型产业，能源原材料产业占40%以上，而广东、江苏两省第一大行业均为计算机通信制造业。山东现代服务也发展缓慢，多以传统服务业为主。2015年，山东6大高耗能行业产值占工业总产值的比重高达34%，不仅分别高于广东、江苏、浙江等省12.1个、4.9个和1.1个百分点，也高于全国平均水平1.1个百分点，产业高碳化特征明显。能耗总量、主要污染物排放总量均居全国前列，能源消耗占全国的

9%，其中煤炭消费量占全国的10.6%；二氧化硫、氮氧化物、化学需氧量排放总量全国第一；万元生产总值能耗为0.57吨标准煤，高于广东、江苏等省。① 从发展质效看，山东省2017年单位生产总值财政贡献率只有8.39%，分别比江苏、浙江、广东低1.12个、2.82个和4.20个百分点。② 正是山东省产业层次低、产业结构不合理，以及传统的高投入、高消耗、高污染的发展方式，使得山东省"三废"排放量过高，生态环境问题严重。

在省第十一次党代会上，省委书记刘家义在党代会报告中指出，把加快新旧动能转换作为统领经济发展的重大工程，实施这一重大工程，要着力强化创新驱动。在2018年2月22日上午召开的山东省全面展开新旧动能转换重大工程动员大会上，刘家义指出要着力在强化科技供给上实现新突破。依靠科技创新和技术进步，是改造传统产业、淘汰落后产能、推动新旧动能转换、推动山东高质量发展的必然选择。

---

① 刘冰、张磊：《山东绿色发展水平评价及对策探析》，载《经济问题探索》2017年第7期。
② 《刘家义在山东省全面展开新旧动能转换重大工程动员大会上的讲话》，齐鲁网，2018年2月22日。

第3章　强化山东新旧动能转换的科技供给

创新是民族进步之魂，是引领发展的第一动力。崇尚创新、推动创新已经成为今日中国社会的最大共识。我们现在谈到的创新是以科技创新为核心的全面创新，习近平同志特别重视科技创新的作用，他指出："谁牵住了科技创新这个牛鼻子，谁走好了科技创新这步先手棋，谁就能占领先机、赢得优势。"① 如前所述，科技创新是催生新动能的源泉和推动传统动能转型升级的根本手段，因此，以创新驱动促进山东新旧动能转换，关键就要深入实施创新驱动发展战略，大力推动科技创新、制度创新、文化创新、商业模式创新等，特别是推动科技创新，提高科技供给，为培育新动能和传统动能转型升级提供源泉和动力。

3.1　山东省科技创新促进新旧动能转换的情况

山东省一直比较重视创新能力的提升。2006年国家提出建设创新型国家战略后，山东省就提出要建设创新型省份。山东省委、省政府

---

① 《习近平在上海考察时的讲话》，人民网，2014年5月23~24日。

通过了《关于实施科技规划纲要增强自主创新能力建设创新型省份的决定》，提出：增强山东省自主创新能力，建设创新型省份；到2020年之前使山东省在全国率先进入创新型省份行列。党的十八大提出创新驱动发展战略后，山东也致力于实施创新驱动发展战略，把创新摆在发展全局的核心位置。2017年11月21日，山东省政府公布《山东省创新型省份建设实施方案》，提出到2018年率先建成创新型省份，激发潜在创新能力和创新活力，加快推动山东省经济结构优化调整。该方案指出，加快创新型省份建设，是贯彻落实建设创新型国家的重要举措，也是山东省实施新旧动能转换重大工程、实现全省经济由大到强转变的重要抓手。经过多年的努力，山东的科技创新能力有了较大的提升，为新旧动能转换提供了动力支撑。

3.1.1 创新投入不断增大

创新投入一般包括两个重要组成部分：人才投入和资金投入。应该说，近年来，山东在人才和资金投资上不断加大力度。

1. 研发经费（R&D）投入总量增长较快

2016年，全省研究与试验发展经费内部支出1566.1亿元，总量居全国第3位，研究与试验发展经费投入强度（R&D经费内部支出与GDP之比）为2.34%，比全国高0.23个百分点。在研究与试验发展经费内部支出中基础研究经费支出为36.4亿元，总量居全国第5位，位次前移1位；基础研究经费支出占比为2.3%，提高0.1个百分点。[①] 经费投入强度达到中等发达国家水平。

[①] 张春晓：《创新驱动成为推动转型发展的强大引擎——党的十八大以来山东科技创新发展成就回顾》，载《山东经济战略研究》2017年第10期。

2. 企业研发投入超过九成，创新投入主体凸显

随着企业加大研发投入、开展研发活动的积极性和主动性增强，山东有研发活动的企业数量从2015年的5766家增加到2017年的8920家，占比从13.9%升至23.4%，两年提高了9.5个百分点。2016年，全省R&D经费内部支出中企业研发经费投入达到1425.3亿元，总量居全国第3位；企业资金占比为91.0%，提高3.1个百分点，比全国高14.9个百分点；占比仅次于浙江，居全国第2位。从研发经费投入强度看，2017年全省规模以上工业企业R&D经费支出达到1563.7亿元，占主营业务收入比重达到1.11%，比2015年度提高了0.22个百分点，首次超过全国平均水平。[①]

3. 国际合作研发支出增速快，与境外合作日趋紧密

为加快实施创新驱动发展战略，山东省率先出台了《关于深入开展国际科技合作的意见》，主动融入全球创新网络，对外研发合作工作进展顺利。2016年，全省R&D经费外部支出中对境外支出为9.9亿元，总量居全国第4位；对境外支出占比为14.7%，提高7.1个百分点；占比高于全国（10.4%）、浙江（7.2%）和广东（10.0%），居第6位。[②]

4. 研发人员数量不断增加，素质明显提升

创新是第一动力，人才是第一资源，近几年，山东各级党委政府高度重视人才工作，出台了一系列引进和培养高端人才的制度和政策，取得了较好的效果。2016年，全省研究与试验发展（R&D）人

---

① 《2017年山东企业研发费用税前加计扣除总额256.41亿》，齐鲁网，2018年8月1日。
② 《山东2016年研发经费支出1566.1亿元，居全国第三》，大众网，2017年7月14日。

员47.6万人，同比增长6.5%，总量居全国第4位。每万名就业人员的研发人力投入由2015年的67人增至72人，增加了5人。其中博士和硕士毕业人员7.7万人，总量居全国第4位，位次前移1位；博士和硕士毕业人员占R&D人员的比重由2015年的15.7%升至16.2%，提高了0.5个百分点。①

3.1.2 创新产出快速增长，成效显著

科技创新是经济发展的动力源泉，也是新旧动能转换的动力源泉。全省紧紧抓住科技创新这个牛鼻子，高质量科技创新成果不断出现，为山东的新旧动能转换和经济可持续发展提供了不竭动力。科技进步贡献率提升较快，2016年提升为57.6%，②超过全国平均水平（56.2%）。③科技创新正在推动新动能不断成长、化蛹成蝶，促进传统动能改造提升、凤凰涅槃。

1. 专利授予权总量增长迅速，质量大幅提升

山东省加快实施国家和省知识产权战略纲要，有序推动知识产权服务业转型升级，建立健全知识产权评价激励制度和知识产权投入增长机制，以知识产权红利激发经济发展新动能。发明专利申请量、发明专利授权量、有效发明专利量等，增长速度较快。2016年，全省发明专利授权量达到19404件，总量居全国第6位。发明专利授权量占专利授权量比重翻一番，达到19.8%，占比提升到全国第13位。2017年《专利合作条约》（PCT）国际专利申请量1700件，比上年

---

① 张春晓：《创新驱动成为推动转型发展的强大引擎——党的十八大以来山东科技创新发展成就回顾》，载《山东经济战略研究》2017年第10期。
② 数据来源于山东省统计局。
③ 《李克强：2016年科技进步贡献率上升到56.2%》，人民网，2017年3月5日。

增长21.5%。每万人口有效发明专利拥有量7.57件，比上年增加1.24件。①

2. 山东企业拥有的商标和品牌数量增长较快

品牌是一个企业产品或服务质量的象征，商标是品牌的基础，商标品牌战略是促进品牌高端提价值、打造发展新动能的重要引擎和战略支撑。一直以来，山东省委、省政府高度重视商标品牌工作，把品牌建设作为推进供给侧结构性改革和推进新旧动能转换的重要举措，在全省各级各部门的共同努力下，山东在农业、制造业、服务业等领域形成了一批国内外知名品牌，打造了好客山东、好品山东、厚道鲁商、食安山东等极具影响力的靓丽品牌名片。截至2016年底，全省规模以上工业企业拥有注册商标4.0万件，年均增长15.4%。平均每百家企业拥有注册商标100件，年均增长14.1%。企业拥有注册商标中境外注册0.8万件，年均增长28.3%；境外外注册占比达到20.6%，提高7.1个百分点。②截至2017年底，山东省拥有294家中华和山东老字号，711个驰名商标，1784个山东名牌，84个国家地理标志保护产品。2017年末有效注册商标72.3万件，比上年增长22.1%。其中，驰名商标711件，地理标志商标542件。山东拥有马德里国际注册商标3088件，位居全国第三，申请量跃居全国第一。山东共有全国质量强市示范城市10个，全国知名品牌创建示范区11个，国家地理标志保护产品66个，有效期内山东名牌产品、山东省服务名牌、山东省优质产品基地分别达到1536个、543个、37个。③2018年一季度，全省商标申请量8.1万件，比上年同期增长84%，

---

① 《2017年山东国民经济和社会发展统计公报》，载《大众日报》2018年2月27日。
② 张春晓：《创新驱动成为推动转型发展的强大引擎——党的十八大以来山东科技创新发展成就回顾》，载《山东经济战略研究》2017年第10期。
③ 《2017年山东省国民经济和社会发展统计公报》，载《大众日报》2018年2月27日。

高于全国平均增速；全省马德里商标国际注册申请量连续4年居全国第一，2018年一季度申请量继续领跑全国；拥有地理标志商标608件，不但总量保持国内第一，而且是首个注册量突破600件的省份；全省共有8家企业、单位荣获中国商标金奖。[1] 目前，山东培育出1536个山东名牌产品，543个服务名牌，22个全国制造业单项冠军。山东不仅涌现出海尔、海信、潍柴等一大批制造业名牌，还在加速培育阳光大姐、韩都衣舍、迪尚集团等一批服务业和新兴业态的名牌。[2] 商标品牌战略已成为山东省全面推进品牌建设和品牌高端提价值的强大动能。

3. 技术市场发展迅速，部分领域技术转化实现突破

技术市场是科技创新成果交易和转化的平台，是科技资源配置的重要媒介，技术市场的发展状况，直接影响了科技成果的市场化程度。近期山东新增设了100多家技术合同登记机构、服务点。技术市场的发展，有助于提高创新资源配置效率，拓宽科技成果转化渠道和转化速度。山东积极贯彻创新发展理念，围绕济青烟国家科技成果转移转化示范区建设，聚焦"十强产业"重点领域技术需求，探索建立具有山东特色的科技成果转化机制模式，全省技术市场实现了快速发展。2017年登记技术合同25947项，成交额达541.61亿元，同比增长28.88%，居全国第8位。"十二五"以来，在新一代信息技术、新医药生物、新能源、新材料、海洋开发、高端装备制造"四新一海一高"技术领域，成功转化了一批重大关键技术，培育了一批有较强国际竞争力的企业和技术领先的拳头产品，促进了部分高技术领域跨越式发展。如宏济堂人工麝香研制及其产业化、康平纳筒子纱数字化

---

[1] 《山东积极构建品牌建设新格局》，中国工商报网，2018年6月5日。
[2] 《山东：加速品牌高端化 引领高质量发展》，齐鲁网，2018年7月21日。

车间、哈工大（威海）建筑结构基于性态的抗震设计理论方法及应用项目、浪潮天梭K1高端容错计算机、三角巨型工程子午胎、盛瑞前置前驱8档自动变速箱（8AT）等一批新兴技术获全国科技进步一等奖。首届世界工业设计大会上，山东有4件产品获得金奖。①

4. 企业劳动生产率不断上升

技术进步是决定劳动生产率的重要因素。十八大以来，山东全省企业不断增强发展的内生动力，依靠科技进步提高劳动生产率，走集约化发展道路。2016年，山东企业全员劳动生产率达到人均38.66万元/年，比2012年增长28.7%，②绝对额居全国首位。

5. 单位GDP能耗降幅扩大

科技创新是提高资源利用率、节能降耗的重要途径。节能降耗是新旧动能转换的重要内容，随着科技的发展，山东新能源发展较快，能源利用效率不断提高，单位GDP能耗呈现持续下降的发展态势。"十二五"期间，全省万元GDP能耗累计下降19.8%，超过2.8个百分点完成国家下达的节能目标任务。2017年全省万元GDP能耗下降6.94%，规模以上工业万元增加值能耗下降9.89%，规模以上工业煤炭消费量下降6.6%。③

6. 创新驱动加快推进产业转型升级

为深入贯彻创新驱动产业转型升级的战略，山东做出了"敲开核

---

① 孙彦明：《促进创新成果转化 加快山东新旧动能转化》，载《宏观经济管理》2018年第2期。
② 张春晓：《创新驱动成为推动转型发展的强大引擎——党的十八大以来山东科技创新发展成就回顾》，载《山东经济战略研究》2017年第10期。
③ 《去年山东万元GDP能耗下降6.94%》，载《经济导报》2018年6月15日。

桃、一业一策"的精准施策安排,分门别类制订了22个重点行业转型升级方案。这些行业转型升级成效显著,以新产业、新业态、新模式为代表的新动能保持较好增长势头,竞争力强的产业开始涌现。新兴产业中的轨道交通、智能制造等高端装备规模快速膨胀,济南都市圈数控机床、青岛轨道车辆和机器人、潍坊内燃机等7个产业集群初具规模。功能陶瓷、高性能纤维等新材料优势凸显,云计算、大数据加快布局。18个传统产业加速转型,中高端产品比重明显提高,涌现出本色环保型造纸、智能节能型家电、定制高端服装等一批引领消费的新产品。山东开展23个服务业转型升级中期评估,推动服务业与制造业深度融合,启动新一轮省级服务业综合改革试点。生产性服务业增加值占服务业增加值比重达到50%以上。[①] 而在轻工、纺织、机械、化工、冶金、建材六大领域,低效落后产能有序退出,为先进产能腾出发展空间。以新兴产业为先导、以高端装备产业为支撑、以原材料深加工产业为保障、生产性服务业协同发展的现代工业体系已初步形成。全省轻工、化工、机械、冶金、纺织、电子信息6个行业主营业务收入均超过万亿元,其中轻工、化工、机械(含汽车)3个行业突破2万亿元。轨道交通、高档数控机床、核电风电装备、海洋工程装备、大功率发动机等高端装备制造产业竞争优势明显。

7. 新动能新经济发展卓有成效

"互联网+"催生新经济新业态新模式新服务,取得积极进展。信息、旅游、健康养老、在线教育、文化体育、网络约车、在线医疗、城市商业综合体等新业态正蓬勃发展,移动互联、软件开发、数字影像、动漫创意等生产性服务业正向专业化和价值链高端延伸,国内电商、跨境电商、互联网金融等新商业模式不断发展。"十三五"

---

① 范玉波、张卫国:《创新驱动山东产业转型升级》,载《大众日报》2017年4月26日。

以来，山东省申报高新技术企业认定的企业数量逐年增长。2017年全省高新技术企业总数增加到了6300家，比2015年增长61.4%。同时，随着研发投入的增加，高新技术企业的发展速度也进一步加快，全部高新技术企业中近三年营业收入年均增长30%以上。2017年，高新技术产业产值占规模以上工业的比重为35.0%，比上年提高1.2个百分点。工业机器人、城市轨道车辆、服务器、新能源汽车这些高技术产品产量分别增长60.7%、80.2%、16.3%、3.0倍。软件业业务收入4933.1亿元，增长14.3%；软件业务出口16.1亿美元，增长10.9%。新登记市场主体149.6万户，比上年增长4.5%。其中，新登记"四新"经济企业增长37.2%。123家企业和研发单位落户测绘地理信息产业基地。运营共享单车47万辆。省级创业孵化示范基地和创业示范园区达到161家，省级示范创业大学达到11家。年末实有民营经济市场主体增长13.9%。其中，私营企业增长19.9%，个体工商户增长12.0%。[①]

8. 科技创新的对外合作能力增强

在技术创新方面，山东企业积极进行中外合作研发。如美国卡特彼勒公司在山东建立了工程机械研发中心，浪潮集团与美国微软公司合作建立了电子信息高端研发中心，潍柴与奥地利AVL公司合作研发柴油发动机升级技术，中国重汽集团与瑞典沃尔沃公司共建了华沃集团等。

在引进技术、积极进行消化吸收再创新的同时，山东省工业企业积极在国外设立研发中心，充分利用国外的人才。1168家省级以上企业技术中心都有了海外特聘专家或海外专业技术人才，建立国外科研合作机构的占1/5。国外科研合作机构208个，搭建的技术创新国际

---

① 《2017年山东省国民经济和社会发展统计公报》，载《大众日报》2018年2月27日。

合作平台 50 个（不含青岛）。常林集团组建了包括德国、瑞典、意大利、日本等国科研人员的 60 余人的科研团队，并在日本、德国等地设立了研发中心，经过 3 年的努力，研制出了系列回转马达、主阀和轴向柱塞泵等高端液压件，突破了液压件国产化的技术瓶颈，打破了国外企业对市场 90% 以上的垄断格局，迫使其降价 20% 左右，并取消了预付款要求。仅此一项，就为国内市场节约液压件进口资金约 30 亿元人民币。盛瑞传动采取"以企业为主体，以市场为导向，国际化产学研战略合作，整合全球资源为我所用"的创新之路，年投入 20 万欧元，引进德国先进的概念设计、英国的先进工程化技术，消化吸收再创新，研制出中国第一台 8AT，打破了高端变速箱被国外垄断的局面。福田雷沃重工是全国唯一的仅农机单一产业便实现业务规模过百亿的企业。他们在欧洲、日本、天津、潍坊建立了"三国四地、四位一体"的全球研发体系，整合国内外一流人才，实现智力资本最大化，快速带动国内产品技术全面升级。欧洲技术中心已经完成 80 - 120HP 两速动力换挡拖拉机开发，正在进行样机装配；日本研发中心开发的 46 吨雷沃挖掘机已经下线，大型挖掘机技术实现突破。山东省集成电路产业龙头企业浪潮华芯公司成功收购了德国奇梦达公司中国（西安）研发中心，拥有了世界先进水平的设计团队和一流的产品研发技术，研发出了具有世界先进水平、国内首款自主知识产权的大容量动态随机存储器芯，已批量应用于浪潮服务器、龙梦一体电脑、浪潮数字机顶盒、北大众志计算机等产品和方案，填补了我国没有自主存储器芯片产品的空白。海尔以全球维基的思维在日本、澳新、美国、欧洲和中国布局五大研发中心，以五大研发中心为基本节点，通过兼并、收购、联合等手段整合世界一流的研发资源。如日本研发中心并购三洋研发中心，澳新研发中心整合斐雪派克研发机构，美国研发中心借力麻省理工等，通过内部 1150 名接口人，五大研发中心紧密联合 5 万多家一流资源，通过松耦合关系，聚集全球超过 200 万家一流资源，各大研发中心纵横连线，协同交互，利益共享，组成了一流资源的生态圈。海信则在海外拥有分布于美国、德国、加拿大等地的七大研发中心，涵盖了多媒体研发、电视芯片研发、手机研发、光通信研发等领域。三角集团在橡胶科技之城美国阿克隆市设立了三角美国轮胎技术中心有限公司，与美国阿克隆大学签订了战略合作协议，共同进行新产品、新材料和新工艺的开发。两年时间，三角集团已掌握了国际先进的耐高温轮胎、滚动阻力、密封技术、新型冬季卡客胎等生产技术，使公司跻身世界知名轮胎制造企业的行列。很多企业已把在海外设立研发中心作为国际化战略的重要环节，装备制造、家电、电子信息、海洋食品等行业的企业不断走出去，在海外设立研发中心，以提高企业的自主创新能力。[①]

3.1.3 创新环境持续优化

创新环境是影响创新绩效和创新能力的重要因素。近年来，为建设创新型省份、实施创新驱动发展战略，全省一直在努力打造有利于创新发展的制度和政策环境。

1. 人才队伍继续壮大，人才总量居全国前列

人才是创新的主体，推动自主创新，人才是关键、是核心。截至2015年底全省共有各类人才1477余万人，占人口总量的10.9%。截至2017年底，山东共有在鲁两院院士49人，"千人计划"专家205人，国家百千万人才工程人选176人，享受国务院政府特殊津贴专家3260人，省有突出贡献的中青年专家1297人，齐鲁首席技师1359人，高技能人才290.6万人，获中国政府"友谊奖"专家66人。获

---

① 《山东工业国际化研究》，载《山东省经信委2015年调研报告集》2016年5月。

得"高层次高技能人才服务绿卡"人选402人，国家级高技能人才培训基地23个，省级以上人力资源服务产业园12家，博士后创新实践基地130个，山东省技工教育特色名校7个。①

2. 创新平台建设步伐加快

2016年，青岛海洋科学与技术国家实验室正式启用，山东半岛国家自主创新示范区建设启动实施，黄河三角洲国家农业高新技术产业示范区正式成立，青岛蓝色硅谷海洋科技创新示范区启动实施，国家超级计算济南中心、青岛国家深海基地、威海国家浅海海上综合试验场等重大科技基础设施建成。截至2017年底，山东全省拥有国家重点实验室20个，国家级工程技术研究中心36个，国家级高新技术产业开发区13个，国家知识产权试点示范园区11个，国家创新型产业集群试点7个，国家火炬计划特色产业基地69个，国家级科技企业孵化器83个，国家技术创新示范企业39家，②都在全国位居前列。2016年，山东省国家企业技术中心达到179家，省级技术中心达到1524家。③山东省科技厅、济南市政府和山东大学三方共同成立了山东工业技术研究院，推动了高校、企业、科研机构等"产学研"结合和成果转移转化，为济南以及全省实体经济发展和工业转型升级提供了支撑。山东省还积极拓展全球科技合作交流渠道，建设科技合作与交流服务平台。

3. 有利于科技创新的制度和政策日益完善

山东省为引导企业拓宽科技成果转化融资渠道，设立了省科技成果转化引导基金、省级天使投资引导基金、知识产权质押融资风险补

---

①② 《2017年山东国民经济和社会发展统计公报》，载《大众日报》2018年2月27日。
③ 《山东省人民政府2017年〈政府工作报告〉》，载《大众日报》2017年5月18日。

偿基金、科技成果转化贷款风险补偿资金、省级政府引导基金科技投资风险资金等，综合运用设立创业投资子基金、银行贷款风险补偿等手段，以及鼓励地方采用后补助、贷款贴息、发放科技创新券等方式，对以企业为主体的市场导向类技术创新和科技成果转化活动给予支持，破解企业研发经费融资难题。2016年"创新券"使用量达15773次，补助资金4720万元。山东省推进企业与高校院所全方位、多层次产学研合作，[1] 积极落实鼓励创新的各项政策。企业研发费用税前加计扣除政策是国家出台的激励和引导企业开展研发活动、提高创新能力的一项重要政策，近年来，山东高度重视这项政策的落实工作，政策红利持续释放。享受政策的企业从2015年的1881家增长到了2017年的7950家，两年翻了两番多。研发费用加计扣除总额也从2015年的113.32亿元增长到了2017年的256.41亿元，极大降低了企业的创新成本。256.41亿元的加计扣除额，意味着为企业减免税60多亿元，这也充分凸显了此项政策的影响力和含金量。这在激励山东企业创新活力、提升企业创新能力方面发挥了重要作用。[2] 2018年8月，山东省财政厅专门出台了《关于支持科技创新服务新旧动能转换重大工程财政政策的实施意见》，为科技创新、成果转化及新旧动能转换提供财政政策支撑。

3.2 山东科技创新存在的差距和不足

山东是经济大省，经济总量排在全国的第三位，但山东在经济发展中出现了"不协调、不平衡、不可持续"的矛盾。虽然山东一直比

---

[1] 《山东省多措并举强化企业科技成果转化主体作用》，山东省科技厅网站，2017年6月29日。

[2] 《2017年山东企业研发费用税前加计扣除总额256.41亿》，齐鲁网，2018年7月31日。

较重视创新在经济转型升级中的作用，创新投入和创新能力不断提升，但经济高质量发展和创新不足的矛盾亦十分明显。中国科技发展战略小组公布的《中国区域创新能力评价报告》显示，2008~2016年，山东的创新能力一直位居全国第6位。江苏省和广东省属于创新能力超强的第一类，北京市和上海市属于创新能力强的第二类，浙江省属于创新能力较强的第三类，山东省依然属于第四类。创新能力不强，科技进步贡献率不高，创新还没有成为引领经济发展的第一动力，直接影响了新旧动能转换，已成为制约山东经济转型升级的短板。同国内先进省市相比，山东传统产业、中低端产品比重较高，产业结构仍不尽合理；高技术产业整体规模仍然偏小，引领作用尚未充分发挥；部分领域核心技术缺乏，创新整体实力仍不够强。创新动力不足，创新投入偏低、创新产出偏低、创新成果转化率低、创新投融资环境有待改善等成为制约新旧动能转换、高质量发展的突出矛盾。

3.2.1 创新产出数量偏少

根据中国科学技术发展战略研究院公布的《2016~2017年全国及地区科技进步基本情况评价》，山东的综合科技创新水平指数为64.83%，低于全国平均水平（67.57%），在全国排第10位（上一年度为第7位），属于第二类地区。而上海、北京、天津、江苏、广东、浙江则属于第一类地区。科技活动产出指数为53.04%，居第13位，低于全国平均水平（全国科技活动产出指数为72.88%）。[①]

1. 专利数量较少

山东省的创新产出，如专利申请量、专利授权量、发明专利授权

---

① 中国科学技术发展战略研究院：《中国区域科技创新评价报告2016~2017》，科学技术文献出版社2017年版，第6~7页。

量、专利拥有量、发表的科技论文数等与江苏、浙江、广东等省区差距较大（见表3-1）。就代表专利质量较高的PCT国际专利申请数量来说，2017年山东省为1700件，在全国排第5位，但数量与排名第1的广东省差距非常大，广东省的PCT国际专利申请数量为26800件，仅华为的PCT国际专利申请数量就有4024件，山东省仅为广东省的6%。虽然山东每万人口发明专利拥有量增速较快，但与先进省市相比较少，还达不到全国的平均水平。近几年的全国发明专利授权量城市排名、企业排名，山东未有城市和企业进入前10名。

表3-1　　　　　　　　各省市发明专利比较

地区	2017年发明专利申请量（万件）	2017年发明专利授权量（万件）	2017年发明专利拥有量（万件）	2017年每万人发明专利拥有量（件）
江苏	18.7	4.2	19.6	22.5
北京	9.9	4.6	20.5	94.5
广东	18.26	4.57	20.85	19.0
浙江	9.9	2.87	—	19.7
上海	5.46	2.07	10.04	41.5
山东	6.8	1.9	7.5	7.57
全国				9.8

资料来源：2017年全国及各省市国民经济和社会发展统计公报。

2. 工业企业新产品新技术等产出量较低

从工业企业角度看，山东省规模以上企业新产品销售收入、企业专利申请量和授予量，与先进省市相比还有一定的差距。2014年，山东省规模以上企业新产品销售收入14556亿元，比江苏低8984亿元，比广东低5757亿元，新产品销售收入占主营业务收入的比为10.1%，比江苏低6.4个百分点，比广东低5.6个百分点。2015年企业发明专利申请量和拥有量江苏分别是山东的2.1倍和2.5倍；广东分别是山东的2.6倍和5.2倍。规模以上工业企业产品和工艺创新，创新企业占全部企业的比重，山东为27.4%，北京为55.9%，上海为41.5%，江苏为38.5%，浙江为48.5%，广东为32.7%。2016年，全省高新技术产业产值占规模以上工业产值的比重为33.8%，分别比江苏、浙江低7.7个和6.3个百分点，比河南还低1.1个百分点。①

3.2.2 自主创新效率不高，成果转化率较低

山东省科技和经济两张皮问题比较突出，科技成果产业化率较低，众多科研成果没有及时得到转化。抽样调查结果显示，目前山东科技成果转移推广应用率为33%左右，转化为产品的商品化率仅11%左右，形成骨干产品的产业化率不足5%，各项指标均低于广东省3~6个百分点。② 其中，部分高校、科研院所转化率更低。省内有一所重点高校，每年专利约有300~400项，但实现成果转化的仅30项左右，不足10%，而发达国家的科技成果转化率高达40%~50%。③ 科技成果转化率低，成为当前制约创新驱动和新旧动能转换的薄弱环节。

技术市场成交额能在一定程度上反映技术市场活跃度和成果转化情况。2015年山东的技术成交额在全国居第7位，山东技术市场成交额为307.55亿元，而湖北为789亿元，上海为663.78亿元，广东为662.58亿元。2015年山东省技术交易额占GDP的比重为0.54%，

---

① 数据根据各省市统计公报、统计年鉴计算得出。
② 孙彦明：《促进创新成果转化 加快山东新旧动能转化》，载《宏观经济管理》2018年第2期。
③ 《山东人才分布不均，45位住鲁院士26人在青岛》，载《齐鲁晚报》2017年9月14日。

与广东的 0.91% 和江苏的 1.03% 相比还有较大差距。2016 年，山东的高新技术企业数量为 4246 家，而广东为 33356 家，江苏为 13278 家，浙江为 9714 家，①数量差距明显。而从 R&D 投入和技术市场产出的角度分析，山东与先进省份相比也有较大差距。当前，山东省的已登记技术交易合同在全部实际发生技术交易合同中的比重还比较低，企业登记的主动性还不够强，滞后性也较大，登记程序、管理和信息沟通方面也存在不足。研发企业的技术合同登记基础性工作薄弱，不利于技术市场调度与服务工作进一步的开展，必将影响技术市场的统计数据的完整性。这将对全面掌握企业技术转移成果转化数据和进行深入分析产生不利影响。而山东省技术市场监测预警方面的研究也才刚刚起步，在技术、方法等方面也需要完善。②

3.2.3 关键技术对外依赖高，产品竞争力不强

由于创新产出少，自主创新效率不高，导致山东拥有的关键核心技术较少，产品质量不高。从企业关键技术的自给率看，目前山东多数行业和企业缺乏核心技术，关键技术自给率低。以高端装备制造业为例，目前山东省在部分高端制造领域还处于空白。自动控制与感知关键技术、核心工业软硬件、工业互联网、工业云与智能服务平台等制造业新型基础设施的技术产业支撑能力不足。山东高端装备产品中处于同行业中领先水平和达到国际先进水平的产品比重偏低，特别是高精密、智能化、高端大型重型成套装备较少，在高速、精度、可靠性等技术性能方面与先进水平还存在明显差距，尚缺少高精度、超精

---

① 《全国各省份高新技术企业数量排行榜》，安徽科技咨询有限公司网站，2018 年 1 月 27。

② 杨冰、姜向荣：《山东省技术市场发展现状及对策分析》，载《科学与管理》2017 年第 3 期。

密能用于航空、医疗等尖端领域的高档数控机床产品和生产企业。仪器仪表行业中高端产品比重不到30%，产业规模小，产品结构不合理；农业机械、轻工机械、重型施工装备等行业的数字化、智能化、信息化高端产品占比不到20%。高技术含量、高附加值的产品几乎不能生产，高端产品需要大量进口。全省机床行业高档数控系统市场基本被国外产品垄断，为中高档数控机床配套的关键功能部件70%需要进口；核心芯片、元器件、高档传感器市场基本被国外产品垄断；重大技术装备用仪器仪表、重要工业控制系统严重依赖进口，对外依存度达到40%，其中高端产品对外依存度超过70%。装备产业获取的国家授权专利80%以上是实用新型专利和外观设计专利，代表自主创新和原始创新能力的发明专利不到20%。[①] 多数装备产品的营销模式为拼规模、拼价格、拼市场占有率，缺乏拥有独创技术、绝对话语权和定价权的高新技术装备。山东高端装备产业规模居全国第2位，但是缺少像上海电气、徐工集团、中联重科、三一重工、华为技术那样的特大型的成套装备企业。

信息技术落后，信息产业发展同样缺乏竞争力。第2章我们已经做过分析，信息技术、互联网的发展对新产业、新模式、新业态的形成及传统产业的转型升级起着非常重要的作用，而山东的信息技术和产业发展则影响了新动能的培育和传统动能的提升。经过多年的发展，山东信息技术产业大省的地位进一步巩固，总体实力跃上新台阶，但从国内外信息技术产业发展情况对比来看，还存在着一些突出的矛盾和问题。近年来，虽然山东信息技术产业规模不断扩大，2016年，山东信息技术产业（含制造业、软件业）规模以上企业实现主营业务收入1.42万亿元。但与排名第1的广东、排名第2的江苏差距依然较大。2014年山东信息技术产业主营业务收入仅占全国信息技术

---

① 资料来自于山东省经济和信息委员会。

产业主营业务收入的6.5%，远低于全省工业主营业务收入在全国工业主营业务收入中的占比（12.86%）。① 信息技术产业在全省国民经济总量构成中的比重偏低、贡献偏弱，产业地位不够突出，还远没有成为一个支柱产业，骨干企业还相对偏少，总体水平与先进省份存在差距。广东、江苏两省第一大行业均为计算机通信制造业；全国互联网企业百强山东只有2家，排名都在60名以后，滴滴打车、支付宝、微信红包等具有超前引领作用的创新模式都没原创在山东，独角兽企业山东没有一家。山东信息技术产业领域的专利申请量不及广东的1/4和江苏的1/2，其中发明专利的比例约为30%，远低于广东的60%和江苏的42%，知识产权的数量和质量都有较大差距。山东信息技术产业80%以上企业从事代工制造和组装加工贸易，总体上仍处于价值链中低端，产品附加值相对较低。虽然海信的平板电视、浪潮的服务器等产品在国内具备一定优势，但其在国际市场的占有率和竞争力还有待于进一步提高。集成电路等高附加值的核心基础产业还相对比较薄弱，集成电路产量仅占全国的0.57%，相当于江苏的1.71%、广东的2.69%、上海的3.03%、甘肃的5.35%，排在全国第9位，手机、程控交换机产量仅列全国第6位和第8位，仅相当于广东的6.9%和1.6%，与山东信息产业大省和信息消费大省的地位很不相称。②

家电产业也存在同样的问题。家电产业是山东的优势产业，海尔是世界白色家电排名第一的企业。家电产业同样存在核心关键技术开发能力不强的问题。与三星、GE、惠而浦、LG、西门子等全球著名企业相比，山东家电企业在自主创新、研发设计、专利技术等方面还有不少差距，主要体现在产品科技含量和附加值不高等方面。例如，大尺寸液晶面板（一般来说，液晶面板的成本约占彩电总成本的

---

①② 山东省经济和信息委员会：《山东省信息技术产业转型升级实施方案》，2014年10月。

65%以上，山东面板制造水平落后日韩3~4代）的生产技术主要由三星、LG、友达等企业垄断；芯片主要由美国、日本、中国台湾等国家和地区的企业垄断；变频压缩机主要由日本的日立、大金、三洋、三菱和意大利的恩布拉科、扎努西等企业垄断。与国际名企相比，山东家电企业自主品牌出口比例、国际市场的中高端产品占比均偏低，有效发明专利占有效专利比重偏低，在工业设计水平上，与日韩有3~5年的差距。

3.2.4 创新投入较少

虽然山东省R&D投入总量居全国第3位，但R&D投入强度与先进省市相比较低。虽然2016年R&D经费占GDP的比重提高到2.34%，超过全国平均水平（2.11%），但仍然低于北京（5.94%）、上海（3.80%）、江苏（2.61%）、广东（2.52%）、浙江（2.43%）[1]等经济发达省市。在研发经费投入结构中，政府投入的比重偏低，政府投入只占总投入的9%左右。山东省的R&D人才数量较多，使得人均R&D经费数额较低，制约了他们的创新产出。

山东省企业研发投入虽然占研发总投入的比重较高（超过90%），但开展研发活动的企业数目较少。企业中有R&D活动的企业所占比重，山东省在华东六省一市居末位。2015年，山东有研究开发活动的企业数为5766个，仅占规模以上企业的13.9%，低于全国19.2%的平均水平，而同年江苏达到了33.76%，浙江为33.12%。山东的企业中有研发机构的比重较低，2015年为2906个，有研发机构的企业占工业企业比重仅为7%，而江苏达38.92%，浙江达21.97%。2015年，山东企业R&D投入强度为0.89%，低于全国平

---

[1] 数据来源于各省市2016年国民经济和社会发展统计公报。

均水平（0.9%），比江苏低 0.13 个百分点，比广东低 0.39 个百分点，比浙江低 0.46 个百分点。① 从下面两个图（见图 3-1 和图 3-2）

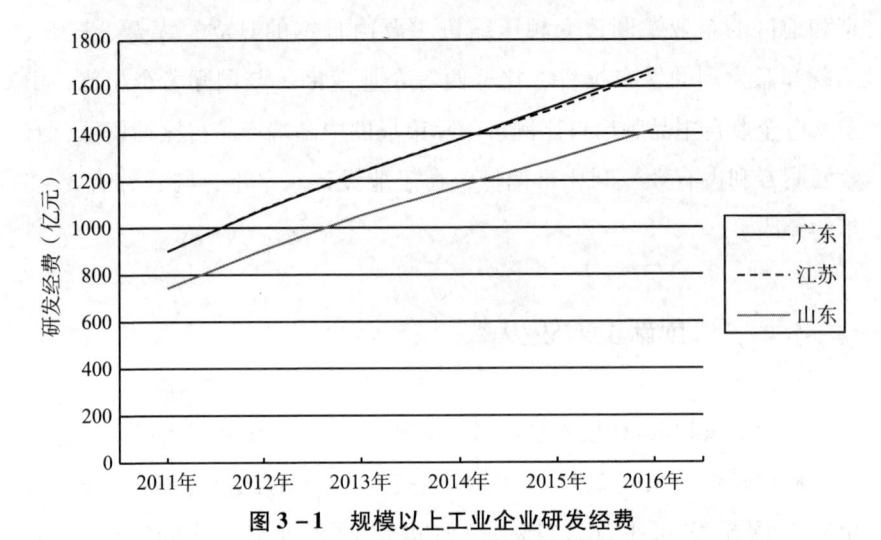

图 3-1　规模以上工业企业研发经费

资料来源：《新旧动能转换，能否再造一个新山东？》，证券时报网，2018 年 4 月 12 日。

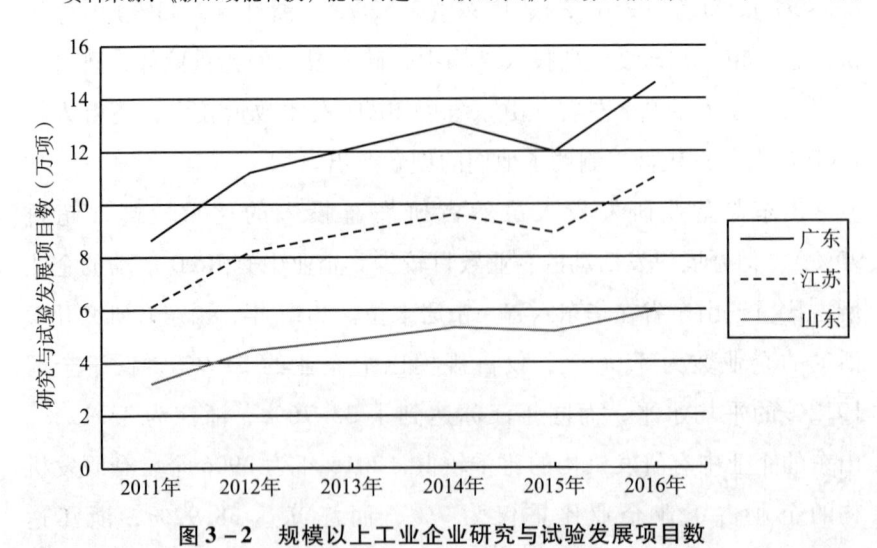

图 3-2　规模以上工业企业研究与试验发展项目数

---

① 中华人民共和国科技部：《中国区域创新能力监测报告 2016~2017》，科学技术文献出版社 2017 年版，第 26 页。

也可以看到山东规模以上企业在研发投入上与广东和江苏的差距。根据国外通行的研发投入规律，研发经费投入占销售收入的比重小于1%的企业难以生存，达到2%的企业勉强可以维持，达到5%以上的企业才有创新和竞争力。

3.2.5 高端创新创业平台少

山东拥有的985、211高校数量是3家，而北京、上海、江苏分别为26家、9家、11家。山东拥有国家重点实验室3家，企业国家重点实验室17个，而江苏拥有主持建设的国家级重点实验室30家、合作共建的国家级重点实验室2家，位居全国省份第一。国家级科技企业孵化器，2015年山东有65个，江苏有136个。[①] 江苏已形成了集公共研发、企业创新、公共服务为一体的分布广泛、功能完整的科技创新平台体系。山东在聚集全球创新资源、提高自主创新能力方面存在较大差距。山东创业基地设施建设滞后、国家级基地数量偏少。在国家认定的三批共112家"国家海外高层次人才创新创业基地"中，山东只有青岛海尔和济南高新区2家。

广东、浙江、江苏、上海都专门设立新型研究机构，采用市场化运作机制，以破解创新难、产业化难。深圳于2006年设立了中科院深圳先进技术研究院，实现了政产学研资一体化、创新创业创富一体化，累计孵化637家企业，持股191家，[②] 估值最高的联影医疗科技公司已达百亿规模。杭州的未来科技城被称为全省的高端人才集聚区、体制改革试验区和自主创新示范区，是杭州的数字经济先行地、创新驱动策源地、产城融合样板地。江苏2013年设立了产业技术研

[①] 数据来源于各省市2016年和2018年国民经济和社会发展统计公报。
[②] 《对标苏浙粤，学什么？怎么干？》，载《大众日报》2018年7月11日。

究院，将研发作为产业来打造，将技术作为商品来推销，为支持产研院改革，江苏出台了"创新十条"，在财政资金使用方式、使用范围、管理方式等近十个方面都有较大突破。产业技术研究院在推动一所两制、合同科研、项目经理和股权激励等改革上取得了积极进展，与高校、企业研发机构形成了紧密的互动关系，着力破解企业不会做、高校不愿做、政府不能做的瓶颈制约。上海在2012年专门为促进科技成果转化，成立了上海产业技术研究院。它是共性技术研发、成果转化和产业引领提供统筹、支撑和服务的平台。如果把科技创新形象地比喻为一项4×100米接力赛跑，科学发现和机理验证是第一棒，技术形成和原型实验是第二棒，应用转化形成生产技术是第三棒，产业化和商品化是第四棒。上海产业技术研究院则定位为"第三棒"，即作为组织者和行动载体，推动共性技术的研发，推动科技成果的转化、推动商业模式的创新。在这些新型研究机构的助力下，南方各省市实现了创新链、产业链、资金链的紧密融合，在国际创新体系中逐步实现由跟跑、并跑向领跑的跃进。山东虽然也设立了一些新型研究机构（如山东工业技术研究院），但与这些省市相比，还存在很大差距，对区域创新能力提升的作用发挥不够。

除以上5点，与先进省市相比，山东在人才队伍建设、创新制度环境培育方面也存在较大的差距。这两个问题本书将在后面有两章具体分析，本章不再一一赘述。

3.3 深入实施创新驱动发展战略，切实增加科技供给

当前，新一轮科技革命和产业变革风起云涌，科技前沿不断延伸，产业更新换代日趋加快，创新成为引领发展的第一动力。科技创

新是培育新动能的源泉和推动传统动能转换的关键，山东要实现新旧动能转换和高质量发展，就必须补齐科技创新这个短板，大力实施创新驱动发展战略，提高科技创新能力，在科技供给上实现新突破。

3.3.1 构建以企业为主体、市场为导向、"政产学研金服用"相结合的技术创新体系

1. 要继续强化企业主体地位，形成一批有国际竞争力的创新型领军企业

在技术创新体系中，企业是创新的主体。世界科技研发投资的80%、技术创新的71%，均由世界500强企业所创造和拥有，62%的技术转让在500强企业间进行。[1] 近百年世界产业发展的历史表明，真正起巨大推动作用的技术几乎都来自企业。企业的创新能力，直接决定了产业、区域的创新能力，决定了产业、区域的竞争力。深圳作为我国的第一个国家创新型城市，其重要的经验就是构建以企业为主体的技术创新体系：90%的创新型企业是本土企业、90%的研发人员在企业、90%的科研投入来源于企业、90%的专利生产于企业、90%的研发机构建在企业、90%以上的重大科技项目发明专利来源于龙头企业，[2] 特别重视打造创新型企业梯队。深圳实施国家高新技术企业培育计划，引导和支持企业加强技术研发能力，培养扩大科技型企业规模，2016年新增国家高新技术企业2513家，国家级高新技术企业总数达到8037家。[3] 广州2016年高新技术企业净增超过2800家，总

---

[1] 张维迎：《资源整合能力是企业做大做强的关键》，载《创新科技》2006年第1期。
[2] 《解读深圳六个"90%"背后的发展动力》，新华网，2010年8月25日。
[3] 《8037家国家高新技术企业数量 深圳仅次于北京》，载《深圳商报》2017年1月7日。

量达到 4740 家，是 2015 年净增数的 10 倍。① 因此，山东要让创新驱动成为经济发展的第一动力，成为新旧动能转换的动力源泉，关键在于推进企业主导的产学研协同创新，把企业培育成真正的创新主体。

（1）要强化企业家的创新意识。按照熊彼特的定义，企业家是创新的主体，企业家的素质、企业家的创新意识就成为企业能否创新的关键。因此，培养高素质的企业家群体，树立"只有创新 才有出路"的理念，促使企业家把自主创新摆在提高企业竞争力的突出位置，大力实施创新驱动发展战略。

（2）要进一步加强创新型企业建设，努力培养一批龙头企业，促使大中型企业建立技术研发机构，使企业成为创新决策、研发投入、科研攻关、成果转化的主体，提升企业的核心竞争力。龙头企业对区域创新能力的提升和经济发展起着至关重要的作用。像德国提出工业4.0 战略，就以西门子为龙头企业进行推动，美国提出工业互联网战略，以 GE 为龙头企业进行推动。国内来讲，广东拥有华为、腾讯，北京拥有联想、小米，上海拥有上汽、中芯国际，这些省市围绕龙头企业建立起了具有特色的优势产业集群，对当地的创新发展、产业升级起着引领作用。长期以来，山东工业大中型企业专业化水平不高，小型企业分工不细致，没有形成合理的分工协作关系，导致市场有限的资金和技术等资源投入分散，在生产、市场、研究与开发等方面难以发挥出规模经济的优势。因此，未来时期要把培育具有国际竞争力的龙头企业作为山东提升创新能力、促进新旧动能转换的重点。要实施创新百强企业培育工程，培育一批工程化条件好、系统集成能力强的龙头骨干企业，壮大一批研发能力较强，拥有核心技术、自主知识产权和自主品牌的科技创新型大企业大集团，使其在重大技术研发、成果转化和产业化投入中发挥支撑和示范作用。要实施高新技术企业

---

① 《厉害了！广州 2016 年高企增量居全国第二》，载《南方日报》2017 年 6 月 16 日。

倍增计划，培育一批具有全球影响力的领军企业、骨干企业和创新型企业。要完善协同创新机制，支持骨干龙头企业牵头建设产业技术创新战略联盟和产业共性技术研发基地。

（3）要不断推动中小企业创新。中小企业是创新体系的重要组成部分。在一些创新型国家（如美国、日本等），中小企业是技术创新的重要驱动力，在推动科技创新成果产业化、推动新兴产业形成、推动传统产业升级等方面发挥着重要作用。根据统计资料，从20世纪初到20世纪70年代，美国中小企业完成的科技发展项目占全国的55%，80年代后，这一比例上升到70%左右，中小企业的人均创新发明是大企业的两倍。中小企业不仅有很强的发明创造力，而且科技成果推出快，科技投资回收期约比大企业短1/4，其发展新技术、新产品的效率高于大企业。[①] 目前，世界知名的微软、IBM、谷歌、苹果、惠普等企业都是从最初的科技型中小企业发展而来。因此，山东应引导中小型企业走"专、精、特、新"路子，聚焦细分领域深耕细作，研发关键环节的高端核心技术。山东要培育一批拥有自主先进技术的"高、精、尖"中小企业，开展中小微企业创新竞技行动，大力培育"瞪羚"企业、"独角兽"企业和制造业单项冠军企业；也要大力发挥民营中小企业在科技创新和产业化中的作用。山东可以借鉴美国、日本及南方先进省市支持中小企业发展的一些政策和做法，对成长性较好、有自主知识产权的创新型中小企业在财政政策上给予扶持，如财政资助、加大"创新券"等普惠性政策支持、政府采购中小企业创新产品、加大对中小企业技术创新的专项奖补力度等，积极推动科技型小微企业创新发展，培育自主创新生力军。山东要提升针对中小企业的技术服务层次，设立高质量的共性技术服务机构，并在各

---

① 陈良文：《美国支持科技型中小企业发展的经验及启示》，载《经济纵横》2013年第7期。

机构间逐步建立互联互通机制,如已经设立的山东工业技术研究院,就可为中小企业创新提供服务;也可成立行(产)业研究中心,实行开放式的研究平台,实现信息共享、协同创新。山东应借鉴美国、日本等的小企业创新研究(SBIR)和小企业技术转移(STTR)政策,制定中小企业创新发展的全生命周期扶持政策。

(4)加强企业创新平台建设。要积极建设创新中心,重点支持行业技术中心、企业技术中心、工业设计中心、工程技术研究中心等建设,提升行业和企业自主创新能力。鼓励搭建多主体协同、跨区域合作、创新资源共享的协同创新平台,深化"政产学研金服用"协同创新。

2. 鼓励开放式创新,积极利用全球创新资源

(1)鼓励企业到国外建设研发中心。习近平总书记曾强调,要以全球视野谋划和推动创新,改善人才发展环境,努力实现优势领域、关键技术的重大突破,尽快形成一批带动产业发展的核心技术。为了提高企业的技术水平,在引进技术、积极进行消化吸收再创新的同时,山东省工业企业积极在国外设立研发中心,充分利用国外的人才。截至2014年,1168家省级以上企业技术中心都有了海外特聘专家或海外专业技术人才,建立国外科研合作机构的占1/5。山东拥有国外科研合作机构208个,搭建的技术创新国际合作平台50个(不含青岛),① 下一步应进一步推进开放式创新,鼓励更多的企业"走出去"到国外设立研发中心,充分利用国外的创新资源,提高企业的技术创新能力,提升企业的国际竞争能力。

(2)鼓励企业通过境外并购获取先进技术。世界上最新最好的技术是买不来的,发达国家跨国公司对科技含量较高的投资项目一直都

---

① 《山东工业国际化研究》,载《山东省经信委2015年度调研报告集》2016年5月。

采取独资的方式，技术保密措施极其严格，对华投资的技术外溢效应非常低。要鼓励省内企业特别是传统制造企业，抓住机遇，采用参股、并购等多种方式，"以资本换技术"，打破西方国家的技术垄断，在提升山东省科技竞争力上实现新突破。

3. 充分利用互联网平台，提升企业创新能力

互联网改变了传统企业的研发模式。原来的研究大都是在企业内部进行的，当然也有企业间联合创新和产学研合作创新模式，但研发活动基本上是在企业内封闭的。然而随着互联网的普及，开放式的协同创新模式开始流行，互联网可以整合各方优势资源，形成跨领域、网络化的协同创新平台，实现关键核心技术攻关。互联网平台，能够给合作主体提供相互学习、信息共享和协同创新的机会，通过信息、知识和创新资源的共享、集成、利用和再创造等方式，实现满足各方利益、知识增值和价值创造的目的，从而提高产学研协同创新的质量和效益。经销商、消费者、研发人员、同行业者等都可成为协同创新主体。由于产品的研发设计环节与需求联系紧密，企业利用互联网资源开放共享的特点，在研发、设计环节也实现了基于互联网的按需设计。因此，消费者、客户也成为协同创新主体。具体模式上如远程设计、众包等就是新的研发模式。创新的目的就是满足消费者的多样化、个性化需求，需求方参与研发设计对提高产品的性能、降低产品成本都有较大的促进作用。例如，通过互联网，波音787构建了网络化研发制造体系，使得波音787能够实现与全球30多个国家、135个地方、180个供应商之间的高水平、实时虚拟协同。波音787基于产品全生命周期管理平台，实现了全球异地数字化设计、制造、测试、销售和最终产品的交付，成为全世界外包程度最高的机型，也是波音史上完工最快、造价最低的飞机。海尔天樽空调也成功应用这种模式，在研发设计初期，即在互联网平台上与67万名消费者充分互动，掌握了消费者对空调的实际要求，然后迅速与多家研发机构有针对性地进行合作研发，产品一经推出便受到了消费者的认可。

企业是"互联网+"实施的主体，推动互联网经济与实体经济融合发展，是企业提质增效、新旧动能转换的重要途径。充分调动企业，特别是广大中小微企业参与"互联网+"的积极性主动性，既能催生新业态，又能推动建立"大众创业、万众创新"的生态环境，是事关行动计划成败的关键。充分调动广大中小微企业参与"互联网+"的积极性、主动性，是构建"大众创业、万众创新"生态环境和落实"互联网+"行动的关键。因此，山东省应加强中小企业公共服务平台、服务网络建设，提升对中小企业特别是小微企业创新创业的服务能力。要完善企业开放式创新平台建设支持政策，推动更多的企业依托开放式创新平台，借助全省、全国乃至全球的科技、智力资源提高创新能力。

4. 分类推进企业信息化应用，提高企业的创新及生产能力

鉴于信息技术对企业发展和新旧动能转换中的重要性，政府要引导企业推进信息化应用：对信息化基础较弱的小微企业，着重引导企业利用公共服务平台开展信息化基础应用；对处于信息技术应用阶段的大中型企业，着重推进信息技术由单项应用向综合集成、协同创新发展。为此，应加快工业云平台建设、加强物联网集成创新、推进机器人及智能制造模式创新、推动电子商务和物流信息化集成创新。

3.3.2 加强基础研究和应用基础研究，提高原始创新能力

党的十九大提出：要瞄准世界科技前沿，强化基础研究，实现前瞻性基础研究、引领性原创成果重大突破。加强应用基础研究，拓展实施国家重大科技项目，突出关键共性技术、前沿引领技术、现代工

程技术、颠覆性技术创新，为建设科技强国、质量强国、航天强国、网络强国、交通强国、数字中国、智慧社会提供有力支撑。这既是对我国创新型国家建设的要求，也是对各省市建设创新型省份的要求。对山东省来讲，加强基础研究和应用基础研究，是增强自主创新能力，推动新旧动能转换和高质量发展的重要举措。

基础研究是科技创新的发动机，是形成持续强大创新能力的关键，在建设创新型省份和科技强省、经济强省中发挥着基础性的作用。近年来，山东省重点依托企业新建一批国家重点实验室，大力强化人才、项目、平台一体化发展，并推动具备条件的企业积极开展基础研究，加快提升原创能力。未来时期，山东要着力发展以下两方面：一是要加大基础研究和应用性基础研究的投入，提高基础研究和应用基础研究费用的比例。立足增强新旧动能转换源头创新能力，省财政加大自然科学基金支持力度，发挥省自然科学基金与国家自然基金委联合基金作用，鼓励科研人员开展面向应用的基础研究，支持科研人员自组团队、自选题目开展研究，建立开放式的基础研究新模式。二是围绕全省经济社会发展目标凝练科学问题和创新目标，引导更多从事基础研究的科技人才聚焦全国、全省重大需求进行攻关，持续稳定推动应用基础研究和前瞻性技术研究，强化基础研究与应用研究的有机衔接，促进科技与经济的紧密结合。集中力量在海洋科学、生命科学、橡胶、新材料新能源、高端装备、转化医学等领域组织开展一批前沿应用基础研究项目，储备一批具有产业发展引领作用的前瞻性原创成果，提升山东省原始创新能力。努力把握技术创新发展趋势，着力建立技术创新跟踪机制、储备机制，围绕深海技术、分子育种、重点新材料、绿色化工、健康医疗等领域积极发力，以基础研究的提升带动实现重大技术创新的突破，加快在新一轮技术竞争中实现新跨越，努力在部分领域实现领跑。

3.3.3　着眼于推动产业转型发展增加科技供给

山东实施新旧动能转换重大工程，建设山东新旧动能综合试验区，重中之重是提升产业层次、优化产业结构、实现产业转型升级。新兴产业的产生和发展、传统产业的转型升级，背后的动力就是科技创新。要围绕产业转型特别是新旧动能"十强产业"实施技术创新活动，推动科技创新和产业发展的高度融合。

1. 以科技创新推动战略性新兴产业的发展壮大

所谓战略性新兴产业，是指建立在重大前沿科技突破基础上，代表未来科技和产业发展新方向，能引领产业转型发展和结构优化升级，对经济社会具有全局带动和重大引领作用的产业。世界上战略性新兴产业主要是新科技、新模式的发展产生的一系列新兴产业部门。新兴产业经济已经成为发展最快、创新最活跃、辐射最广泛的科技产业经济活动。因此，战略性新兴产业在新旧动能转换中的地位，就是通过把握新科技革命带来的机会，以新科技、新模式、新业态、新产业，进入新兴产业价值链，进而取代、改造或重组落后产能，形成拉动经济增长的新引擎，① 成为未来经济发展的新动力。战略性新兴产业作为一种新兴经济形态，是新旧动能转换的关键与驱动力。只有大力发展战略性新兴产业，才能开启向高质量发展的新征程，才能构筑新一轮产业竞争的制高点。战略性新兴产业代表新一轮科技革命和产业变革的方向，是培育发展新动能、获取未来竞争新优势的关键领域。战略性新兴产业的发展情况，决定着未来一个国家或区域的竞争

---

① 隋映辉：《新旧动能转换，山东靠什么？——战略性新兴产业与新旧动能转换》，载《科技中国》2018年第4期。

力。山东以新一代信息技术、高端装备、新能源新材料、现代海洋、医养健康等产业为重点，推动互联网、大数据、人工智能和实体经济深度融合，打造先进制造业集群和战略性新兴产业发展策源地，培育形成新动能主体力量。

（1）以科技创新推动信息技术产业发展。当代的科技革命，是以信息技术为代表的，信息化已经成为各国经济社会发展的强大动力，推动了人类社会以前所未有的速度走向新的历史高度。当代高新科技的发展离不开信息技术的发展，信息技术产业已成为推动国民经济发展的支柱产业。因此山东新旧动能将发展信息技术产业作为重点发展的"十强"产业之首。增强软硬件核心技术创新能力，打造自主可控的电子信息产业体系是各行业、各领域推进可持续和安全可靠"互联网＋"的重要支撑。今后要重点突破高性能计算、人工智能、传感器、虚拟现实、基础软件等关键核心技术，强化示范应用；推进量子通信技术研发和产业化；加强智能控制软件、工业应用软件、智能传感器、智能终端等关键技术的开发，加快自主可控产品和系统发展，提高服务能力，为"互联网＋"提供强有力的产业支撑。特别是在当前信息技术快速发展的情况下，要实施战略性新兴产业信息化集成应用和协同创新，在着力攻克核心关键技术的同时，推动信息技术和工业技术深度融合，提升山东在高端电子信息、新材料新能源等战略性新兴产业方面的核心竞争力，抢占发展制高点，引领山东未来经济发展方向。

（2）以科技创新推动高端装备产业发展。高端装备制造业以高新技术为引领，处于价值链高端和产业链核心环节，是决定整个产业链综合竞争力的战略性新兴产业，是现代产业体系的脊梁，是推动工业转型升级的引擎。山东的装备制造业还面临不少共性关键技术难题。因此，山东今后要做到：突破轨道交通、工程机械、农机装备、动力机械等领域关键技术与核心部件制造难题，打造制造业创新中心，提高综合集成水平。坚持自主创新与技术引进相结合，以重大装备自主化为目标，加快自主开发与技术引进消化吸收，尽快掌握系统集成和关键核心技术。实施产业化示范工程，鼓励首台套试点，重点打造规模效应突出、带动性强的整机成套产品，引导专业化零部件生产企业向"专、精、特"方向发展。围绕大型化、集成化、信息化、智能化，努力提高研发设计、核心元器件配套、加工制造和系统集成的整体水平，重点发展现代船舶、海洋工程、发电设备、高压输变电设备、数控机床及加工中心、智能制造、轨道交通、工程机械、航空航天、油气开采装备、发动机、试验设备、高端专用设备、节能环保设备、现代农业机械、基础关键零部件，突破重大装备国产化障碍。

（3）发挥山东海洋科技人才优势和海洋科技平台优势，推动海洋科技产业发展。要充分利用浪潮集团全国领先的云计算、大数据服务优势，建设国家医疗健康大数据区域中心，扶持电子信息、智能家居、可穿戴设备等相关产业发展、带动上下游产业链发展。提高行业技术创新能力和关键材料自给率，加快形成一批具有广泛带动性的创新成果。建设国内领先的新材料研发中心和产业基地。

（4）以科技创新促进产业融合发展，培育新的经济增长点。跨界融化是新旧动能转换的一个重要方向。要通过大力推动信息技术、大数据、高端装备制造业等核心关键技术的公关，为产业融合发展提供科技支撑。先进制造业和现代服务业融合，已成为全球经济发展的重要发展趋势。随着互联网、云计算、大数据等信息技术在制造业的广泛应用，以产品为中心的制造业向研发设计、售后服务等增值服务环节延伸，促进制造业和服务业融合发展。加快信息化与生产性服务业融合，积极培育新型信息消费，促进产业优化升级。

2. 以科技创新推动传统产业转型升级

山东是工业大省，特点之一就是传统产业比重较高，约占70％，如何推动传统产业转型升级，是山东省新旧动能转换的重要任务。依靠科技创新和技术进步，是改造传统产业、淘汰落后产能、拉升产业链条、增加附加值、实现绿色制造和智能制造的根本手段。因此，我们要加强重点领域核心关键技术的突破和应用，推动传统产业向中高端迈进。发展高新技术促进传统产业升级，瞄准国际标准提高装备技术水平，形成支撑经济发展的新动能。围绕发展现代产业体系和提升产业核心竞争力，加强产业关键共性技术研发，加大行业先进适用技术研发和创新成果推广力度，促进高新技术产业化和改造提升传统产业。充分利用现代信息技术，发展"智能制造"。以高端化工、高效农业、文化创意、精品旅游、现代金融等传统行业为重点，从解决行业和企业突出问题入手，找准信息技术与传统产业发展的结合点，引导有条件的企业开展柔性制造、虚拟制造、敏捷生产等技术的应用示范。发展和利用互联网技术，进行商业模式创新。发展低碳技术和清洁技术，提高资源利用效率，不断降低能耗，实现经济发展的绿色化，推动经济的可持续发展。

3.3.4 大力推动科技成果转化

要让科技创新成为引领经济发展的第一动力，成为新旧动能转换的动力支撑，关键在于要增强科技创新成果的转化能力，提高产业化率，改变经济和科技"两张皮"问题，使经济和科技紧密结合。

1. 积极建设济青烟国家科技成果转移转化示范区

2017年10月10日，国家科技部正式复函，支持山东省建设济青烟国家科技成果转移转化示范区。这将是山东省深化供给侧结构性改革和科技体制改革、加快推进创新型省份建设的又一重大战略之举，是推动山东新旧动能转换的重要举措。新旧动能转化的核心主线，就是依靠科技创新培育新动能、改造提升旧动能。推动科技创新，就必须紧紧抓住科技成果的转移转化。济青烟国家科技成果转移转化示范区的建设就是实现贯穿"政产学研金服用"以及科技中介等创新主体，为山东省加快推进创新型省份建设，推动新旧动能转换提供动力支撑。因此，山东省要围绕济青烟国家科技成果转移转化示范区建设，在科技服务体系、科技转化平台建设及体制机制等方面深化改革。在济南，首先要打造具有泉城特色的科技服务业体系，打造集成果转化、技术交易、金融服务等于一体的在全国有影响力的区域性科技中介服务中心，并建设国家超级计算济南中心、信息通信研究院等关键共性技术研发平台，打造一批产城一体、生态良好的第四代国际化新型科技园区。在青岛，要建设海洋科技成果转移转化"青岛模式"，建设国家海洋技术转移中心，打造以蓝色经济为特色的国家海洋科技成果转移转化聚集区；整合全国乃至全球海洋科技资源，全面提升海洋科技协同创新能力，建立世界一流的海洋科技创新策源地。在烟台，要建设成为辐射山东半岛自主创新示范区的科技成果转移转化基地和科技产业聚集区，在国内具有影响力的国际生命科学创新示范区，引领世界海工装备发展的"海工装备产业之都"、特色鲜明的高技术船舶研发制造基地及全球最大的聚氨酯产业基地。[①]

2. 完善技术市场体系

健全的技术市场体系是科技成果转化和产业化的重要媒介和前提条件，是利用市场机制配置创新资源的重要场所。没有健全的技术市场体系，推动科技成果转化就会成为空谈。为了推动科技成果转化，山东省政府于2018年1月4日发布的《山东省人民政府办公厅关于

[①] 宋晓雨：《加快科技成果转化　山东再添新"王牌"》，载《联合日报》2017年11月24日。

进一步推动科技成果转化的实施意见》，该意见提出了完善技术市场体系的具体办法。

要在全省构建线上线下融合、开放共享的技术市场体系。积极建设国家农业科技成果转移转化中心山东分中心和国家农业技术交易中心山东分中心，努力发展成为全国重要的农业科技成果转化中心；推动济南建设技术成果转化综合服务中心，在技术信息发布、技术成果转化、科技金融支持等方面提供全链条服务，培育成为国家区域性中心；加快山东省技术转移转化中心建设，主动承接京津冀成果转移，辐射带动全省技术转化。发挥省知识产权交易中心、青岛海洋技术转移中心、中国（烟台）知识产权保护中心、寿光果菜品种权交易中心、鲁南技术产权交易中心、齐鲁技术产权交易中心等中心作用，打造特色鲜明的行业性产权交易中心，形成国家分中心、区域性中心、省中心和行业性中心互相衔接、资源共享的四级技术市场体系。健全全省统一的网上技术交易平台体系，构建数据标准、品牌标识、管理制度和服务规则相统一的全省网上平台。鼓励有条件的市、县（市、区）建设省技术市场分支机构。省财政科技资金按照规定对作用突出的服务平台给予支持。① 健全科技成果产权交易市场，形成技术论证、评估、交易、经纪、培训一体化服务。吸引高校、科研院所、技术中介机构、技术转移机构及龙头骨干企业入驻，开展促成技术成果交易的各项业务和服务；引进金融、资本、人才、产业等服务机构，为科技成果转移、转化和产业化提供配套服务；开展学术论坛、技术讲座、专家帮扶等活动，加强产学研用之间的交流与对接。

3. 抓好成果转化和中介服务平台建设

重点支持各级各类技术创新服务中心和中介机构，分层次、分行

---

① 山东省人民办公厅：《山东省人民政府办公厅关于进一步推动科技成果转化的实施意见》，2018年1月4日。

业建设各类专业技术信息服务平台，为高校、科研机构和企业提供科技信息、成果转化、成果孵化、技术交易、科技评估、科技咨询和人才中介等方面服务，切实推动科技成果转化。

（1）要构建公共科技创新公共服务平台。具体包括重大共性和关键技术研发平台、检测实验平台、科技信息服务平台及科技成果转移转化平台等，不断提升平台开放共享和运营服务水平，为全省各类企业特别是中小企业的科技创新和成果转化服务。山东已提出在全省布局建设一批通用性或行业性技术创新服务平台，开展研发设计、检验检测、技术标准等服务。推动政府将其所属部分事业单位转制为企业，以利于更方便地为企业提供成果检测和评估、科技咨询等服务。鼓励企业牵头建立中小微企业创新中试平台，为中小微企业开展中试熟化与产业化开发提供检测检验、集成与二次开发、评估与评价、技术示范推广与交易等服务。

（2）构建完整的企业孵化、成果转移、技术转移和创业服务体系，促进天使投资、风险投资、创业辅导、技术中介、转移咨询等创业服务机构与众创空间、孵化器、苗圃、加速器等创业服务载体的结合。支持建设众创、众包、众扶、众筹等虚拟孵化平台，推动"互联网+"与传统创业载体融合。要把科技成果转化与创业服务紧密结合在一起，更好地培育新动能。

（3）鼓励高校、科研院所及社会力量，可以利用自身技术优势及人才资源，创办各类科技中介服务机构，以发挥中介机构对成果评估、促进成果转化、推动技术扩散和优化科技资源配置的重要作用。鼓励有实力的企业、产业联盟、工程中心等面向市场开展中试和技术熟化等集成服务，构建完善的科技成果转化服务体系。

（4）要大力培养科技中介服务人才，培养专业化、职业化、国际化的技术经纪人队伍。这类人才属于复合型人才，目前比较短缺，需要政府制定相应的培养和引进政策，加强人才队伍建设。另外，还要吸引投融资机构、银行、证券等各类金融机构加入科技成果转移转化服务体系，引导技术转移服务机构开展科技成果权益化、商品化、资本化试点。①

4. 瞄准关键领域，稳步推进科技成果转化

为提高山东创新能力，让创新成为推动山东新旧动能转换、引领山东经济高质量发展的第一动力，需要结合山东经济社会发展现状、科技创新基本情况及国际产业技术发展方向，瞄准新一代信息技术、生物工程、高端装备、新材料新能源、现代海洋、绿色低碳、数字创意等关键领域，加快推进科技创新成果转化，培育一批具有较大影响力的领先技术、产品和品牌。

当然，要提高山东的科技创新能力，为新旧动能转换提高科技供给水平，还有两个方面的建设是非常重要的：创新生态的构建和创新型人才队伍建设，本书将在后面两章展开详细论述。

---

① 潘强、于平阳：《科技创新助力青岛新旧动能转换思路与措施》，载《科技与产业》2018年第2期。

第 4 章 构建创新驱动加快山东新旧动能转换的制度和政策环境

目前，我国经济发展进入新常态。在经济新常态下，要保持中高速增长和迈向中高端水平"双目标"，政府提出要打造大众创业、万众创新和增加公共产品、公共服务"双引擎"，推动发展调速不减势、量增质更优，实现中国经济提质增效升级。2017年，习近平总书记多次提出推动新旧动能转换，李克强总理也多次提出要加快新旧动能转换。推动新旧动能转换，是实现山东经济转型升级、经济可持续发展的关键。影响新旧动能转换的因素较多，创新是引领经济发展的第一动力，是培育新动能、推动传统动能转型升级的源泉，是实现山东经济转型升级、推动山东经济高质量发展的关键。制度创新则是补齐短板，缩小差距，领先发展的关键。要让创新成为推动山东新旧动能转换的第一动力，必须深化改革，其中关键的就是要通过体制机制改革，实施制度创新，激发起创业创新主体的创业、创新、创造积极性，推动山东省经济高质量发展。

4.1 制度创新与技术创新的相关理论

制度（institution）通常被定义为一套行为规则。如舒尔茨（Schul-

第4章　构建创新驱动加快山东新旧动能转换的制度和政策环境

tz）将制度定义为一种行为规则，这种规则涉及社会、政治和经济行为。诺思（North）指出："制度是一个社会的游戏规则，更规范地说，它们是为决定人们的相互关系而人为设定的一些制约。"[①] 拉坦（Ruttan）和速水（Hayami）也认为，制度是社会或组织的规则。这种规则通过人们在与别人交往中形成合理的预期来对人际关系进行协调。它们反映了在不同的社会中有关相对于人们自己的行为和他人的行为的个人和集体行为演化而来的行为准则。[②] 制度作为规则，是支配着经济单位之间可能合作与竞争的方式的一种安排，通常也称为制度安排（institution arrangement）。它可能是正式的，也可能是非正式的。正式的制度安排有诸如法律规章、企业、大学、货币和期货市场等，非正式的制度安排则包括社会风俗、习惯、传统、意识形态、道德等。不同的制度安排决定了不同的经济绩效，同样，在技术创新活动中，不同的制度安排决定了不同的技术产出效率。技术创新是在特定制度环境中进行的活动的事实，与制度创新之间具有紧密关系。学术界对技术创新与制度创新谁更重要的问题，曾经有过技术决定论与制度决定论的争论。而对于技术创新和制度创新二者之间的关系，有着三种不同的观点，这些观点对于本书中构建以创新驱动加快山东新旧动能转换的制度研究提供了坚实的理论基础。

4.1.1　技术决定论

技术决定论将技术创新视为经济增长的动态因素，坚持技术变迁决定制度变迁的观点，代表人物有凡勃伦、奥格本、怀特、埃昌尔和海德格尔等不同学科领域的专家。在技术创新和制度创新的关系问题

[①] 诺思：《制度、制度变迁与行为绩效》中译本，上海三联书店1994年版，第3页。
[②] V. W. Ruttan and Y. Hayami. 1984. Toward a Theory of Induced Institutional Innovation, *Journal of Development Studies* 20, pp. 203 – 223.

上,凡勃仑特别强调技术创新对制度创新的决定性作用。凡勃仑在其《有闲阶级论》一书中指出:"制度是由物质环境(主要指生产过程的技术性质)决定的,因而,制度必然随着物质环境的变化而变化,因为就其性质而言它就是对这类环境引起的刺激发生反应时的一种习惯方式。"① 技术是不断变化的,制度变化无论如何也赶不上技术变化。在强调技术变迁决定制度创新的同时,凡勃仑并不否认制度创新对技术创新有一定影响。他认为,旧的制度可能对技术创新产生不利的影响,也可能产生有利的影响,而制度的创新一般会促进技术创新。他还指出,价格体系大发展中所包含的思想习惯跟现代机器制度的兴起有很大关系。与此同时,商业制度导致新技术的引进以及新技术在私人利益而非社会利益基础上的利用。② 凡勃仑的学生艾尔斯则是彻底的"技术决定论"者,他否认了制度创新对技术创新的积极作用,认为制度对技术创新除了阻碍以外,已没有任何积极作用可言。

4.1.2 制度决定论

制度决定论则强调制度创新比技术创新更重要,主张制度创新决定技术创新,代表人物有诺思等。以诺思为代表的新制度经济学家们认为制度创新决定技术创新,而不是技术创新决定制度创新。好的制度选择会促进技术创新,不好的制度选择会将技术创新引离经济发展的轨道,或抑制技术创新。

新制度经济学通过重新解读历史,充分论证了制度创新对技术创新的决定作用。诺思在对荷兰、英国的兴起以及法国、西班牙的衰落进行分析后总结道:"有效率的经济组织是经济增长的关键:一个有

---

① 凡勃仑:《有闲阶级论》中译本,商务印书馆1964年版,第139页。
② 卢瑟福:《经济学中的制度:老制度主义与新制度主义》中译本,中国社会科学出版社1999年版,第115~116页。

效率的经济组织在西欧的发展正是西方兴起的原因所在。"[1] 而要保持经济组织的效率,需要在制度上做出安排和确定产权,以便形成一种激励,将个人的经济努力变成私人收益率接近社会收益率的活动。因此,诺思的基本命题就是:一种提供适当个人刺激的有效的产权制度是促进经济增长的决定性因素。产权不是万能的,但是任何国家的人们在从事经济活动和进行技术创新时都离不开有效的产权制度。正如诺思所指出的,改进技术的持续努力只有通过建立一个能持续激励人们创新的产权制度以提高私人收益时才会出现。"投资于新知识和发展新技术的营利性需要在知识和创新方面确立某种程度的产权。如果缺乏产权,新技术就不可能唾手而得。"[2] "一套鼓励技术变化、提高创新的私人收益率使之接近社会收益率的系统的激励机制仅仅随着专利制度的建立才被确立起来"[3]。不言而喻,"制度"才是一国兴衰的关键所在。20世纪早期美国知识产权系统的变化和司法界对这一变化所采取的对策,激励了企业在内部搞工业研究并为了获取外部的技术而进行投资。由于联邦政府执行反托拉斯法的态度强硬,法院的裁决也肯定了专利权可以用来获得或保持市场地位,于是企业更有动力进行内部研发活动。而且更稳定的知识产权促进了知识产权市场的运转,使企业更易于用内部研发设施来获取技术。美国20世纪产权的一些变化,确实激励了企业内部和外部创新的行为,激励创新、司法制度以及从外部来寻求发展,这些因素都起着作用。

美国加州大学的安娜李·萨克森尼安在其论著《地区优势:硅谷与128地区的文化与竞争》中比较了波士顿附近128公路地区和硅谷

---

[1] 道格拉斯·C.诺思、罗伯特.托马斯:《西方世界的兴起》中译本,华夏出版社1989年版,第1页。

[2] 道格拉斯·C.诺思:《经济史中的结构与变迁》中译本,上海三联书店、上海人民出版社2003年版,第10页。

[3] 道格拉斯·C.诺思:《经济史中的结构与变迁》中译本,上海三联书店、上海人民出版社2003年版,第185页。

地区的发展差异，令人信服地证明了产生差异的根本原因在于：它们存在的制度环境和文化背景完全不同。它们的研究模式、企业模式、文化模式、运行机制完全不同。硅谷成功的原因在于其为人力资本的创新和创业活动提供了制度激励。从128公路地区和硅谷地区的比较中我们得到的启示是：技术创新的决定性条件不是技术创新的物质准备、资金多寡、政府参与，而在于有激励创新者的制度环境、运行体制和文化氛围。人们（包括硅谷人）往往都没有意识到硅谷那种合作与竞争的不寻常组合连同其他要素共同构成的制度环境给他们带来的成就。其实，硅谷的这种地区优势正是硅谷企业迅猛发展的重要因素。当然，新制度经济学并不否认技术创新对制度创新的影响，他们认为技术创新对改变制度安排的收益和成本都有较大的影响。

4.1.3 技术创新与制度创新相互影响论

1. 马克思主义的观点

马克思主义政治经济学虽然没有明确使用技术创新与制度创新的概念，但它所提出的生产力与生产关系的辩证关系理论却为研究者认识技术创新与制度创新的相互关系提供了思路。按照对马克思主义政治经济学基本原理的理解，技术创新应该属于生产力范畴，制度创新应该属于生产关系范畴。马克思主义认为，生产力和生产关系是社会生产的两个不可分割的方面，二者的对立统一，叫作生产方式。生产力具有内在动力，它经常处于不断的发展变化中，是社会生产中最活跃、最革命的因素。与生产力不断发展变化的状态比较起来，生产关系一经建立，则是相对稳定的。社会生产的变革和发展，总是以生产力的变革和发展开始的。在生产力和生产关系的相互关系上，是生产力决定生产关系，有什么样的生产力，就会有什么样的生产关系。马克思也强调生产关系对生产力的反作用。生产关系绝不只是消极地适应生产力的发展状况，它对生产力具有反作用。当生产关系适应生产力的发展要求时，就能促进生产力的发展；当生产关系不适应生产力的发展要求时，便会阻碍生产力的发展，成为生产力发展的桎梏。因而技术创新是第一性的，制度创新是第二性的，技术创新决定着制度创新的空间和方向，制度创新又反过来影响着技术创新的发展。技术创新和制度创新是一种相互依存、相互促进的互动关系，频繁、高效和规模适度的技术创新能够引发制度创新和降低制度创新的成本；科学适宜的制度创新则会为技术创新创造条件，并使技术创新的直接收益得到保障。

2. 西方学者的观点

不少西方学者的论述中包含了丰富的技术创新与制度创新相互作用的思想。著名的增长经济学家库兹涅茨也充分认识到制度调整对技术进步从而对经济增长的重要作用。他认为，技术进步是经济增长的必要条件，而制度和社会意识形态的相互调整是经济增长的充分条件。他在1971年获得诺贝尔奖时发表的演讲中指出，一个国家的经济增长可以定义为不断扩大地供应它的人民所需要的各种各样的经济商品的生产能力有着长期的提高，而生产能力的提高建立在先进技术，以及与进行先进技术所需要的制度上和意识形态上的调整基础之上。

拉坦也认为，争论技术创新与制度创新谁决定谁没有什么意义，技术创新与制度创新之间相互影响，相互依赖，必须在一个持续的相互作用的逻辑中进行分析。

3. 国内学者的研究

国内学者在技术创新和制度创新的关系研究上，大多在评述西方学者及马克思主义的理论观点。他们大都赞成马克思对二者之间关系的看法。国内的一些学者也对制度创新与技术创新的关系进行了研究，如方竹兰考察了欧洲的历史和美国硅谷的经验，也得出了制度创新是技术创新前提的结论。杨青指出，20世纪80年代后，美国从工业社会向新经济、知识经济迅速发展，这种情况在具有相同客观因素的其他国家（如日本、欧洲国家）却并没有发生，这就说明美国还是拥有其他国家没有的优势。这主要表现在从制度上给予了人力资本主体以创新激励，如企业制度变革（股票期权的盛行）、美国政府在制度供给上的创新：政府规制改革、风险投资机制和纳斯达克（NASDAQ）市场、高新技术产业政策、美国政府对知识产权提供了强有力的保护。推动创新的最主要动力是创新者可以从占有一项独特的资源、产品或服务而获得潜在的经济利益，创新者通常因为率先向市场推出产品和服务而获利。总的来看，美国对知识产权的保护比日本和欧盟更加全面。卫玲和郭俊华也认为制度创新能够促进技术创新和产业创新。吴敬琏在谈到我国高科技产业发展时指出，制度重于技术，良好的制度不仅会促进技术进步，而且会促进技术的产业化。如果只有技术进步，而没有良好的制度条件，再先进的技术也只能被束之高阁，无法产业化，技术不能产业化也就无法对经济增长起促进作用。技术创新有效性的关键是要建立有效的制度，将知识创新的成果迅速转化为现实的生产力。

以上是技术创新和制度创新之间关系的观点。本书认为，对技术创新和制度创新虽然有技术决定论和制度决定论两种观点，但技术决定论与制度决定论之间并没有不可调和的对立，因为二者都承认技术创新与制度创新之间的相互作用，只不过强调的主次有所差异。对于二者之间的关系，首先应该辩证地、动态地看，不能片面地强调某一方面。技术创新和制度创新是相互作用的，在不同的时期，二者作用的主次可能会发生变化。我们应当遵循马克思主义关于二者之间关系

第4章 构建创新驱动加快山东新旧动能转换的制度和政策环境

的观点,技术创新决定和推动制度创新,但制度创新对技术创新也具有反作用。

其次,我们要充分认识到制度创新对技术创新的重要作用。正如制度经济学所说,制度是社会的激励机制。制度的建立是为了减少交易成本,减少个人收益与社会收益之间的差异,激励个人与组织从事创新活动,最终导致经济增长。技术创新能否成功,不仅取决于其自身的技术水平、市场需求与相对于竞争对手的比较优势,还取决于制度对其是否接纳和支持。技术创新如果没有相应的社会制度环境和经济条件作保证,就不可能得以顺利进行,也不可能有效地发挥促进经济发展的作用。在进行技术创新的同时,必须进行制度创新,从根本上保证技术创新的制度环境。因为任何一项制度安排都界定了人们选择和获取技术创新信息和资源的空间范围,规定了社会交易的基本规则,使创新主体产生了合理的创新收益预期。更为重要的是,制度创新决定了技术创新主体的动力来源,制度创新通过改变技术创新的报酬系统,从而为技术创新活动提供激励,间接地影响经济增长。同时,制度创新将有利于推动思维方式的变革和价值观念的更新以及社会经济生活诸多方面的调整和变革,而这些变化也是推动技术创新的重要因素。

总的来讲,技术创新是推动经济发展和社会进步的决定因素,是推动新旧动能转换的关键,制度创新取决于技术创新的状况及其发展变化,同时,制度创新又通过促进或阻碍技术创新而影响经济发展和技术进步。技术创新和制度创新之间是一种相互依存、相互促进的辩证关系。但由于技术创新具有不确定性、高风险性和准公共物品性的特点,使得制度安排对创新的影响非常深远和广泛,正如我国著名经济学家吴敬琏所指出的,推动技术发展的主要力量是有利于创新的制度安排。企业和人力资本在创新主体中是核心要素,他们创新的主动性和积极性需要激励,而激励要以制度的形式进行规范,因此,着眼于创新驱动的各项制度的制定和完善就成为实施创新驱动发展战略并以其促进新旧动能转换的一项重要工作。

4.2　山东实施创新驱动发展战略的制度现状分析

党的十八大提出创新驱动发展战略后，先后出台了一系列的政策措施进行体制机制改革，营造创新的制度和政策环境。2015年3月中共中央、国务院发布了《关于深化体制机制改革加快实施创新驱动发展战略的若干意见》，2016年5月《国家创新驱动发展战略纲要》由中共中央、国务院发布实施。自2014年9月的夏季达沃斯论坛上，李克强总理就发出了"大众创业、万众创新"的号召，为了推动大众创业、万众创新，2015年6月11日，国务院发布了《关于大力推进大众创业万众创新若干政策措施的意见》，整体思路就是按照"四个全面"战略布局，坚持改革推动，加快实施创新驱动发展战略，充分发挥市场在资源配置中的决定性作用和更好发挥政府作用，加大简政放权力度，放宽政策、放开市场、放活主体，形成有利于创业创新的良好氛围，让千千万万创业者活跃起来，汇聚成经济社会发展的巨大动能。要不断完善体制机制、健全普惠性政策措施，加强统筹协调，构建有利于大众创业、万众创新蓬勃发展的政策环境、制度环境和公共服务体系，以创业带动就业、创新促进发展。为了共同推进大众创业万众创新蓬勃发展，国务院同意建立由国家发展改革委员会牵头的推进大众创业万众创新部际联席会议制度。2015年9月23日，国务院发布了《关于加快构建大众创业万众创新支撑平台的指导意见》。2016年5月国务院办公厅印发《关于建设大众创业万众创新示范基地的实施意见》，系统部署双创示范基地建设工作。2017年7月，国务院又发布了《关于强化实施创新驱动发展战略进一步推进大众创业万众创新深入发展的意见》，提出要进一步优化创新创业的生态环境，着力推动"放管服"改革，构建包容创新的审慎监管机制，有效促进政府职能转变。党的十八大以来，山东省委、省政府一直大力实施创新驱动发展战略，不断进行体制机制改革和政策创新，积极打造创业、创新的制度和政策环境。

4.2.1　山东创新驱动发展的改革举措和取得的成就

1. 不断完善鼓励创新创业的政策，推进科技体制改革

党的十八大和省十次党代会以来，山东紧密结合省情实际，加快产业转型升级，认真落实《关于深化体制机制改革加快实施创新驱动发展战略的若干意见》，坚持腾笼换鸟、凤凰涅槃，把创新摆在全省发展全局的核心位置，把发展的基点放在创新上，推进理论创新、制度创新、科技创新、文化创新等全方位创新。为了促进大众创业、万众创新，营造创新创业的氛围和环境，山东省也陆续出台了一系列的政策，如出台了《关于深入实施创新驱动发展战略的意见》《〈中国制造2025〉山东省行动纲要》《关于加快推进品牌建设的意见》《山东省人民政府办公厅转发省科技厅关于加快推进大众创新创业的实施意见的通知》《关于加快全省技术转移体系建设的意见》《科技创新支持新旧动能转换的若干措施》《山东省省级天使投资引导基金管理实施细则》《培育科技创新品牌　深入开展"双创"活动的实施意见》《关于深化科技体制改革加快创新发展的实施意见》《山东省众创空间科技企业孵化器备案服务暂行办法》《培育百个专业化科技企业孵化器和众创空间实施方案》等一系列鼓励创新创业、促进产业转型升级的政策，在人才培养、科技成果转化、知识产权改革、财税政策支持等方面，深入实施创新驱动发展战略，支持山东产业转型升级和新旧动能转换，为进一步激发全社会创新活力和创造潜能提供政策保障。

积极落实以增加知识价值为导向的分配制度改革。山东省研究制定了《关于实行以增加知识价值为导向分配政策的实施意见》，推动形成知识创造价值、技术产生效益的鲜明激励导向。科技成果转化机制也不断完善，山东省建立了"沿途下蛋"机制，边出成果边应用，提升了科技资源配置和科技创新效率。科技评价体系进一步改进。山东省建立完善技术预见评估、科技专项评价与区域创新能力评价相结合的科技评价体系，加强科技计划实施情况绩效考核，以项目产出和实际贡献为导向，建立了科技项目第三方机构绩效评估机制，将评估结果与对项目单位和科研人员的后续滚动支持进行挂钩。与此同时，深化奖励制度改革，突出实际应用和人才培养导向，加大对协同创新团队、优秀青年人才和企业技术创新的奖励力度，取消了成果鉴定和限额申报，大幅压缩奖项数量。

2. 加强政府管理制度改革，优化创新创业的营商环境

营商环境是评估各地企业经营发展环境的指标，是企业投资时选择投资地的最重要标准之一，是吸引创新产业人才的最重要指标之一。山东以创造国内领先的营商环境为目标，推动体制机制改革，最大限度降低市场准入门槛，为省内营商环境松绑。随着近年来省里大力推动"放管服"改革，山东省的营商环境在持续改善。2017年1~7月，山东省的月平均营商环境指数为20.48，在全国居第9位。[①]继"零跑腿""只跑一次"后，山东省2018年6月出台了《关于深化"一次办好"改革深入推进审批服务便民化实施方案》。"一次办好"

---

① 《全国比拼营商环境，山东排第几?》，载《大众日报》2018年7月22日。

指的是，企业和群众办"一件事情"，在申请材料符合法定受理条件的情况下，从提交材料申请到获取办理结果，政府要提供"店小二""保姆式"服务，实行"马上办、网上办、就近办、一次办"，不论"见面不见面""跑腿不跑腿""线上线下"都要实现"一次办好"。全面推行综合行政执法，避免多层多头重复执法。"一次办好"改革着眼点从"跑"变成"办"，更重视优化服务，申请范围扩大到政府全部行政行为，从"办"的角度倒逼个部门更新观念、转变作风、提升效能，加快服务型政府建设。推进"一次办好"改革，最终目的就是通过实现审批服务便民化，打造更加优质的营商环境。目前山东省委、省政府专门选取了营商环境的核心指标，开展10个专项行动方案，通过改革优化营商环境，增强山东与周围区域的竞争力。我们相信随着营商环境的优化，市场活力会进一步增强，从而吸引更多的创新创业型人才来到齐鲁大地，为新旧动能转换提供环境支撑。

3. 着力打造科技创新高地，促进区域优化协调发展

为了加强山东省重点实验室管理，发挥重点实验室在强化基础研究和应用基础研究的作用，服务新旧动能转换"十强"产业，2018年6月，山东省科技厅和财政厅专门出台了《山东重点实验室管理办法》。山东半岛国家自主创新示范区建设加快推进，具有全球影响力的海洋科技创新中心初显雏形。2017年1~5月，示范区新引进项目数量同比增长40%，实现固定资产投资657亿元，同比增长16%；实现规模以上工业利税409亿元，同比增长15%；实现公共财政预算收入153亿元，同比增长14%。[①] 黄河三角洲农业高新技术产业示范区高端创新资源加快聚集，培育引领现代农业发展新动能。青岛海洋科学与技术实验室创新发展成效显著，海洋科技创新实力快速提升，

---

① 《科技创新支撑山东新旧动能转换》，载《大众日报》2017年9月16日。

目前实验室在《自然》(Nature)、《科学》(Science)及其子刊发表论文已超过全球顶尖的美国伍兹霍尔海洋研究所,居全球海洋科研机构之首。①经过近8年的发展,济南无论是从量子技术的积累,还是成果转化上,都已经走在了全国前列。从运营服务、系统集成、整机制造、核心元器件研制到原材料供应的量子技术产业链条上,山东尤其是济南已经凝聚了一批优势企业。②

4. 积极建设双创平台,众创空间发展势头良好

近年来,山东省全力推进众创空间发展,积极营造良好的创新创业环境。全省众创空间服务能力不断提升,创新产出明显增加,培育出了一批科技型企业、企业家和创客团队。他们已成为推动山东省新旧动能转换、培育新的经济增长点的重要力量。2017年,山东省拥有省级以上众创空间293家。③截至2018年6月,山东拥有国家级众创空间203家,国家级科技企业孵化器85家,分别居全国第2位和第3位。④经历前期的探索发展后,目前全省众创空间发展已进入新时期,呈现出技术特色化、类型多样化、布局集聚化的新特征。众创空间瞄准并着重培养未来的新兴产业,重点聚焦电子信息、互联网、智能硬件设备、文化创意和现代服务业等新兴产业领域。有的众创空间聚焦新兴产业的某一细分领域,通过专业化的孵化服务,在较短时间内吸引了一批科技创业企业进驻。山东省的众创空间类型多种多样,有创业咖啡馆、创业车库等类型。凤岐茶社能提供创投基金、创业教育、产业对接、创业孵化、公共技术支撑等综合性服务。有的众创空间会

---

① 《科技创新支撑山东新旧动能转换》,载《大众日报》2017年9月16日。
② 《山东"十强产业"它排第一,你知道有多厉害么》,载《齐鲁壹点》2018年3月22日。
③ 《山东省积极推进众创空间发展》,山东省科技厅网站,2017年10月12日。
④ 《上半年山东GDP为39658.1亿元,增长6.6%》,载《大众日报》2018年7月23日。

提供相对单一的精准精细创业服务，如知识产权融资、天使投资、路演等。

5. 多措并举强化创新型企业培育

山东对企业创新从选择性扶持向普惠性支持转变，企业开展研发活动的积极性得到有效激发。2016年开始，山东科技、财政、税务部门通过实行企业研发投入后补助政策，形成了叠加效应。研发费用加计扣除政策在山东有效落地，各级财政联动支持企业加大研发投入力度，支持实施中小微企业创新竞技五年行动计划。在全面落实企业研发费用税前加计扣除政策的基础上，省市联动对符合条件企业的研发经费给予后补助，单个企业年度最高补助金额不超过1000万元。2017年，省市联动为811家企业的研发投入补助4亿元。这项引导政策实现了对企业研发创新的"双重"激励，极大地降低了企业创新成本，受到了广大企业的普遍认可和好评。山东加大了省级以上科技企业孵化器和众创空间培育高新技术企业财政奖补力度。在政策的带动下，高新技术企业"量质齐升"。2017年全省高新技术企业总数增加到了6300家，比2015年增长61.4%。同时，随着研发投入的增加，高新技术企业的发展速度也进一步加快，全部高新技术企业中近三年营业收入年均增长30%以上的达到了36.4%，其中增长100%以上的占比达到了13.9%。[1] 通过省市联动，山东建立了覆盖面广的科技融资风险补偿体系，撬动银行资金近100亿元支持科技成果转化。科技企业孵化器在孵企业超过1万家，其中有超过一半的企业拥有自主知识产权，累计毕业企业超过5300家，86家企业毕业后成功上市。[2]

---

[1] 《山东多措并举，激发企业创新活力》，人民网，2018年8月1日。
[2] 《科技创新支撑山东新旧动能转换》，载《大众日报》2017年9月16日。

6. 加大知识产权保护力度

为打造大众创业万众创新的环境，山东一直以来比较重视加强知识产权保护。特别是党的十八大以来，山东不断深化知识产权改革，在全国较早完成专利综合立法，强化知识产权创造、保护和运用，营造良好创新环境。应该说，山东知识产权法规政策环境不断优化、知识产权社会氛围更加浓厚、知识产权创造能力显著提升、知识产权管理服务水平不断提高、知识产权运用成效日益显现、知识产权保护卓有成效。2016年，国家知识产权局首次对各省专利密集型产业进行统计，统计结果显示，山东专利密集型产业占GDP的比重达到14.68%，高于全国平均水平3.19个百分点。济南市、青岛市分别挂牌了专门的知识产权法庭，跨行政区划审理技术类知识产权案件，这是我国加强知识产权保护、推动创新创业的又一举措。2017年9月4日，山东省政府正式印发《山东省"十三五"知识产权保护和运用规划》（以下简称《规划》），这是山东省首次将知识产权专项规划上升到省政府重点规划。该规划明确了以建设知识产权强省为目标、以深化知识产权领域改革为动力、以加强知识产权保护和运用为重点，全面提高知识产权创造质量、运用效益、保护效能、管理水平和服务能力，为创新驱动发展提供重要支撑的总体发展思路。《规划》提出：到2020年，知识产权强省建设目标如期实现，知识产权重要领域和关键环节改革取得阶段性成果，知识产权综合实力居全国前列的目标要求。山东着力构建高效便捷的新型政务服务体系，建成省知识产权公共服务平台和齐鲁知识产权交易中心，为创新主体提供综合服务；还在烟台、东营、潍坊市设立知识产权保护中心，为企业和发明人提供知识产权快速审查、确权、维权的"绿色通道"。

7. 积极融入"一带一路"倡议，整合国际创新资源能力不断增强

截至 2016 年底，山东与 70 多个国家建立了科技合作关系，"十二五"以来引进高层次海外专家 3500 多人（次），在海洋装备、金属材料、信息技术、现代农业等领域取得了 1500 多项重大科技创新成果。山东在全国率先成立"丝绸之路"高科技园区联盟，面向"一带一路"沿线国家开展技术双向转移、科技项目及人才培养。①

4.2.2 山东创新驱动发展制度建设存在的问题

虽然山东的创新驱动发展取得了一定的成就，但与先进省市相比，山东的创新能力还存在着比较大的差距和不足，还未成为我国的创新创业活跃区。如国务院 2017 年对北京、上海、湖北、浙江、广东 5 个"双创"开展成果显著的省市进行激励表彰，山东未入选。造成这种差距的原因之一，在于在制度和政策方面还存在着制约创新的因素，还没有形成创新创业的良好氛围。

1. 科技体制机制改革和知识产权保护有待加强

虽然山东在科技体制改革方面出台了一系列的政策，但经过调查发现，有些政策还不够完善，存在落地难问题。例如，中小微创新型企业融资难问题——既难以获得信贷、风险投资，也难以获得政府资助。科技成果转化政策落地难问题：有些成果的个人激励政策难以兑现，特别是创新收益分配比例，虽然政府文件中有规定，但高校和企业中的落实力度不够。科研经费的管理制度也存在很多问题。虽然国务院多次改革科研经费管理制度，给科研人员更大的经费使用权，但

---

① 王亚楠：《科技创新支撑山东新旧动能转换》，载《大众日报》2017 年 9 月 16 日。

是经费报销难、经费使用限制多等问题并没有得到根本性的改善。企业的税收优惠政策执行中也存在一定的问题：税务机关的服务意识缺乏，有些企业的创新税收优惠没有享受到等。

在知识产权保护方面，虽然近几年来山东省的知识产权保护力度在不断增强，但知识产权保护法规落实力度不够，影响了企业和人才的创新创业热情。

2. 市场机制在创新资源配置中的作用较弱

市场导向明确的创新活动，政府要减少不必要干预，最大限度地发挥市场的决定性作用。要支持企业联合高校、院所和科技服务机构，共同组建科技成果转化实体。对于市场机制能够实现的服务功能，要主动转型，腾出空间，简政放权。如通过下放高校和科研院所科技成果的使用权、处置权、收益权，推动科技成果转化的速度和成效。

山东近年来在进行"放管服"改革，目的是发挥市场在创新资源配置中的决定性作用。但山东的市场配置作用较弱。以人才资源为例，近年来，各级各部门对人才工作的重视程度越来越高，行政推动作用比较强，但市场在人才资源配置中的作用还需要强化。企业等用人主体在人才引进、培养和集聚中的主动性、能动性还没有充分发挥；统一、规范的市场体系正在建设中；符合市场经济的人才供给机制、人才价格机制、竞争机制、激励保障机制还未形成。例如，企业家职业化、市场化程度不高。山东省不少企业经营管理人员是随原国有、集体企业改制而来，公开招聘的力度还不够大。特别是一些民营企业的经营管理者大多是家族式经营管理，引进职业经理人的数量很少，职业经理人队伍还没有形成，人才价值真正由市场决定的机制尚未建立。

3. 创新园区和创新平台的服务机制有待于进一步提升

虽然目前山东的创新园区和创新平台（如众创空间）发展势头良

好，但还存在专业运营管理人员不足、创新创业服务不够专业、行政管理色彩浓厚、同质化等问题，有的平台甚至还存在只挂牌而不运营的问题。创新创业园区管理机构的服务功能不够，基本都是行政化的管理机构，大部分还仅能为创业者提供基本生产生活服务，其他服务没能及时跟上。园区内风险投资基金公司特别是天使投资基金公司较少，参与创新创业的深度不够。而深圳、北京、杭州等地的创新园区和平台相对来说服务功能更好，入驻的基金较多并能全程参与创新创业活动。如杭州的梦想小镇，政府为了吸引创业人才和天使基金入驻，打造了良好的外部环境。入驻梦想小镇的企业只需要3~5个工作日就可以办完工商营业执照、组织机构代码证、国地税税务登记，还能享受一定的税收优惠。杭州市余杭区国税局余杭税务分局已派人入驻小镇，为企业提供更为贴身的服务，像是增值税按照17%交纳的软件企业能享受超税负退税，企业所得税还能享受"二年免税、三年减半"征收的优惠等。获得小镇入驻权的创业项目，将享受最长三年的免租办公场地、最高100万元的风险池贷款、30万元商业贷款贴息等多项优惠政策。政府提出"我负责阳光雨露，你负责茁壮成长"，其中"我"指的是政府，"你"指的是创客。这些都值得山东高新区、众创空间等创新创业园区学习和借鉴。

当然，山东目前存在着思想观念不够解放、监督考核机制不健全等问题，这些都阻碍了创新驱动发展和新旧动能转换。

4.3 强化制度创新和政策创新，不断优化山东的创新创业环境

创新是第一动力，走向高质量发展最核心的是创新驱动。创新是一个系统工程，创新链、产业链、资金链、政策链相互交织、相互支

撑，改革只在一个环节或几个环节搞是不够的，必须全面部署，并坚定不移推进。科技创新、制度创新要协同发挥作用，两个轮子一起转。[①] 刘家义在2018年7月召开的赴江苏、浙江、广东学习交流会强调，苏浙粤三省的成功经验，关键在创新，核心就是制度创新。没有有效的制度体系作保障，山东创新发展、持续发展、领先发展就无从谈起。当前山东省最大的短板就是有效制度供给严重不足，一定要牢牢把握住制度创新这个最根本、最关键、最核心的问题，尽快补齐短板、加固底板，以制度创新推动改革发展。[②] 制度创新首先要解放思想，要以思想的解放、观念的变革引领各方面制度创新，把发展的动力活力最大限度激发出来。因此，山东要大力实施制度创新和政策创新，营造有利于创新创业的良好环境。

4.3.1 进一步深化科技体制机制改革

习近平同志指出，推进自主创新，最紧迫的是要破除体制机制障碍，最大限度解放和激发科技作为第一生产力所蕴藏的巨大潜能。比较山东与先进省市创新能力的差距，根本原因就在于科技体制机制束缚了科技创新。我国改革开放40年发展的经验证明，体制改革和机制创新，是发展的动力源所在。山东实施创新驱动战略，推动新旧动能转换，必须在科技体制改革方面加大力度。政府和市场这两只手是否能够形成合力，形成一加一大于二的效果，应是下一步科技体制改革突破的重点。政府和市场都是推动科技创新和保证创新活动顺利进行的力量，但只有当二者同向发力、优势互补，才能实现科技高质量发展。

---

① 《习近平在全国科技创新大会、两院院士大会、中国科协第九次全国代表大会上的讲话》，载《人民日报》2016年5月30日。
② 刘家义：《以制度创新推动改革发展》，齐鲁网，2018年7月11日。

第4章 构建创新驱动加快山东新旧动能转换的制度和政策环境

1. 继续推进政府的"放管服"改革

科技创新活动作为经济活动的重要组成部分，在市场经济条件下，其组织方式应主要建立在市场关系的基础上。在区域创新体系中，政府、企业、高等院校、科研院所、中介服务机构、金融机构等都是创新主体，但各个主体的作用不同。与其他创新主体不同的是，企业、高校、科研院所等或是技术创新主体，或是知识创新主体，而政府则是制度创新的主体。制度创新在技术创新体系中处于非常重要的地位，因为技术创新是一个在制度、组织和文化背景下进行的活动，制度创新制约或推动着技术创新，二者之间的关系在前面已经论述。在制度创新的过程中，政府充当着十分重要的角色。[①] 按照林毅夫的制度变迁理论，制度变迁分为强制性制度变迁和诱致性制度变迁，而在强制性制度变迁中，政府就是制度变迁的主体。在技术创新体系建设中，政府是制度创新的主体就表现在政府是创新规则的设计者，并监督规则的运行。因此，山东省科技体制改革的一个重要方面就是要继续推行"放管服"改革，做到既能满足创新型企业的创新发展需求，又能保证管理有效。"看得见的手"工作重点应是规划引导、统筹协调、提供服务，发挥协同创新的组织和引导作用。

政府管理要转向新角色，强化政府宏观科技管理，通过财政科技资助、税收优惠引导和鼓励全社会的创新投入，加强宏观科技管理和调控能力，把握科技发展大局和方向，整合科技创新资源，营造创新与创业的环境和基础条件。对山东来讲，当前要做好"一次办好"审批制度改革，营造良好的营商环境。苏浙粤三省结合自身特点，在"放管服"改革中提出了各具特色的改革，大大改善了营商环境。浙

---

① 黄燕：《中国地方创新系统研究：闽粤赣经济区产业素质升级分析》，经济管理出版社2002年版，第63~75页。

江从四张清单、一张网到最多跑一次,每次都是全国领先;江苏全面推行网上办、集中批、联合审、区域评、代办制、不见面审批新模式,实现了审批监管扁平化、规范化;广州推行一门一网式的改革,基本实现了一个大门通办百事,一张智网全面服务,一个标准规范审批。山东要对标先进,重点借鉴浙江在项目审批制度创新的经验做法,积极推进"一次办好"改革,不断提高便利化、公开化、标准化水平。各级政府的领导干部要当好服务基层、服务企业的"店小二",努力形成创新创业的"阳光雨露",让各类创新主体茁壮成长。

2. 深化改革,优化资源配置

要加强省内外重大问题的研究,重点攻克山东省经济科技发展面临的重大关键和热点问题,为山东省经济社会又好又快发展提供支撑和引导。优化科技资源配置,围绕新旧动能转换优化科技资源配置,提高利用效率。强化科技资源开放共享,鼓励科研机构和科技创新平台开放共享,服务科技型中小微企业和创客团队,推动大型科学仪器设备开放率不断提升。

强化市场在资源配置中的作用。山东可以借鉴先进省市市场化改革的经验,让市场机制在创新资源配置中起决定性作用。在深圳,市场机制的作用则显得尤为突出。企业在创新中的主体地位已经体现得相当明显。市场这只"无形之手"挥舞着"指挥棒",不仅为城市的创新方向提供了指引,也为产业转型升级提供了压力与动力。来自深圳市政府的数据则显示,近年来,深圳累计培育了93家集科学发现、技术发明、产业发展"三发"一体化发展的新型研发机构。这些新型研究机构打通了产学研和资本的全链条通道,联通原始创新与成果转化、技术应用,在引才机制、激励机制、融资机制、项目筛选机制等方面进行了大胆创新。江苏省产业技术研究院、杭州未来科技城等也在创新成果转化、人才引进和使用、资金支持等方面进行了创新。采用市场化运作机制，组建新型研发机构，是南方先进省市破解创新难、产业化难的共同选择。这些新型科研机构像企非企，似事业单位非事业单位，被人形象地比喻为"四不像"。在这些新型研发机构的助力下，南方先进省市实现了创新链、产业链、资金链的紧密融合，在国际创新体系中逐步实现由跟跑、并跑向领跑的跃进。北京大数据研究院建立了纯市场化的企业孵化机制，将创新成果快速引入生产系统和市场。新型研发机构的风生水起，也意味着突破了体制和机制的限制，其对创新创业的服务能够更加符合市场需求，落到"实处"。这些改革都是体制机制改革的有益尝试，它们能够让市场在资源配置中发挥决定性作用。市场机制激发了创新主体的创新活力，较好地推动了科技成果的转化。山东近年来也设立了一些新型研究机构，如山东工业技术研究院，发挥了一定作用，但与先进院相比还有差距，改革的力度不够。山东要进一步解放思想和观念，借鉴先进省市的改革经验，加大改革力度。同时要健全金融市场、人才市场、技术市场等创新要素市场体系。

3. 推动开放式创新，扩大国内外科技合作

积极开展面向"一带一路"沿线国家的国际科技合作，重点引进和联合研发"十强"产业升级亟须关键技术。推动共建中国（山东）—乌克兰科技创新研究院。深化与中国科学院、中国工程院等大院大所合作，共建技术成果转化基地、人才培养基地和新旧动能转换示范基地，推动中国工程院山东海洋科技发展战略研究院建设，加快中科院济南协同创新中心建设。

4.3.2 完善创新创业激励制度

人才瓶颈是阻碍企业创新的核心问题。面对日益激烈的竞争环境，创新型企业竞争的着力点集中在创新人才的竞争。企业要厚植创业创新文化，制订并执行创新人才引进计划，尽快引进和培育创新型企业家、专业技术人才和配套服务人才等各类优秀人才，提高企业创新实力。要建立将知识合法转化为财富的机制，实现创新人才的知识资本化和知识产权股份期权化，推动人才优势转变为经济发展优势。人才的激励机制关乎企业能否留住核心管理人员和技术人员，实现持续创新和增强行业竞争力。企业为激发核心骨干员工的创业精神，为引进高规格创业人才，可适当采取股权激励措施，如员工持股计划，形成资本所有者与劳动者利益共同体。研究表明，股权激励制度具有一定的人才激励效应，我国部分公司已采用员工持股计划，据中证金融研究院统计，2015年电子、计算机、机械设备和医药生物等战略性新兴产业、"中国制造2025"重点领域企业实施员工持股计划占比高达36.43%。2014~2016年两年间，推出员工持股计划的上市挂牌公司逐年递增，达到547家，涉及员工持股计划达630个[1]，其中中小板公告的员工持股计划数量最多，其次是创业板，可见中小创新型企业实行股权激励制度的需求与积极性较高。相比较而言，山东在这方面迈的步子较小，试点企业数量不多。山东要进一步鼓励企业探索和完善各种激励机制，特别是要构建产权激励机制、探索高层次人才的控制权机制，提高创新资源配置效率。要推进科研管理创新，实现公正、良性的科研竞争；改革科研及创新评价体系，激励企业和个人的创新热情；推行以合同优先的横向科研项目经费管理模式，建立企业出题、科研人员揭榜的产学研协同创新机制，鼓励高校、科研院所的科研人员深入到"十强"产业发展一线开展产学研合作。要认真落实山东省委、省政府近期发布的《关于深入实施创新驱动发展战略的意见》，鼓励科技成果转化。

---

[1] 《2014~2016年上市挂牌公司员工持股计划分析》，凤凰网，2016年10月12日。

4.3.3 完善创新创业园区和平台的服务与管理机制

一流孵化机构围绕创新创业各个阶段提供全链条式服务，真正打通了由创业者到企业家的成长之路。要完善创业服务体系，推进公共创业服务和市场化的创业服务业的共同发展，提高创业成功概率和初创企业的成活率。"双创"的健康发展，离不开政府提供大量的创新创业公共服务，更离不开市场机制推进的创业服务业。目前衍生了一大批创业服务机构，但创业服务机构主要靠投资来盈利，盈利模式、商业模式单一；行业协同较少，还处于零散化、分散化状态；服务质量和水平缺乏标准，专业化水平还有待提高。要强化创业服务机构"小空间，大资源"的平台功能。虽然空间有限，但是可以集聚创业过程中所需要的所有资源，包括创意、技术、资本、管理等。一方面，创业服务行业间各机构应该形成资源和信息共享平台，在各个机构之间开展强强合作、互补合作等，抱团发展，发挥资源的集聚效应和规模效应；另一方面，建立创业服务机构和上下游产业纵向合作机制，为创业企业提供从项目到产业化的全链条创业服务。创业服务机构横向和纵向合作机制，可以拓展其盈利渠道，形成创业服务业协同发展的格局。要提高支持创业的财务管理、人力资源管理、法律咨询等第三方机构的专业服务水平。最后，要优化互联网发展环境，以硬件为基础，以法律为保障，形成依托互联网平台创业创新的新模式。

要对高新区、众创空间等创新创业园区的管理机制进一步进行"放管服"改革，增强服务意识。山东可以借鉴国外发达国家和深圳、杭州等地创新创业先进地区的经验，创新各园区的服务和管理。一是将园区管理机关的功能定义为服务，为园区内的企业和创业者服务。二是在园区内成立企业家俱乐部，方便企业家交流及帮助创业者。三是采用优惠政策吸引风险基金公司入驻，成立风险基金俱乐部，让风险投资者全过程参与创业者的投资活动,使得风险投资者能深入了解创业者及其创业项目,能够在创业者最需要资金支持时获得风险投资基金特别是天使投资基金的投资。四是借鉴浙江的一些园区管理经验,改革设立专门机构管理园区的办法(传统行政管理),可以尝试让园区的龙头企业进行园区管理,一些具体的管理可以委托市场进行,大大提高园区的管理效率,提高市场机制在园区资源配置中的作用。

4.3.4 多管齐下营造一个适宜创新创业的生态环境

1. 要进一步深化商事制度改革

自我国实行商事制度改革以来,新登记企业呈井喷式增长。要以实施停薪留职和高校弹性学制等举措,推进包容失败的创业创新制度建设。加快法规制度适应性变革,完善快速响应和精准服务机制,建立支持新生市场主体创新创业、发展壮大的生态系统。加大对"双创"的财税和金融扶持力度,减轻初创企业负担,降低创业成本,用市场化方式使用政府创业创新的基金,推动"放"与"扶"相结合,改变初创企业"快生快死"问题,提高初创企业存活率。但调查发现,仍有大量有关创新创业的扶持政策难以落实,简政放权的效果难以充分发挥,改革红利难以充分释放。要制定制度落实措施,构建多个主体共同参与的监督管理机制,改变一些政府工作人员"手太长,闲不住"和"为官不为"的局面,保障创业创新政策真正落实。

要创新监管模式。为了鼓励安全、智慧、绿色的新技术、新产业、新业态、新模式加快发展,要创新监管模式,完善快速响应服务,深入推进"双随机一公开"监管制度,探索包容创新的审慎监管制度。加强社会信用体系建设,完善跨地区、跨部门、跨领域的守信联合激励和失信联合惩戒机制。加大竞争执法力度,加强对商标、广

第 4 章　构建创新驱动加快山东新旧动能转换的制度和政策环境

告、网络领域的监管,加大打击假冒伪劣,虚假宣传,盗版侵权,互联网新型传销等违法行为,规范市场秩序,净化市场环境,按照审慎监管的原则,让新产业、新业态坚持在创新中发展,在规范中完善。①

要进一步推进政府信息化建设。信息化、互联网的发展为提高政府的办事效率提供了技术支持。因此,要推广"互联网+政务服务",全面实行并联审批、阳光审批、限时办结等制度,推进信息共享和数据开放。在试点基础上全面推开"证照分离"改革,实施"多证合一",推进企业登记全程电子化和电子营业执照。深化"先照后证"改革,扩大"证照分离"改革试点范围,提高政府在经济发展方面的管理水平,改进政府对企业的服务质量,实现政务公开和加大经济发展统计力度与投入。加强社会信用体系建设,完善跨地区、跨部门、跨领域的守信联合激励和失信联合惩戒机制,从而为企业发展创造一个良好的外部环境。

2. 完善鼓励创新创业的财税政策

政府可以通过给予企业的创新活动以一定的财政补贴,从而降低企业的创新支出,起到鼓励企业家创新的目的。有学者研究表明,从 20 世纪 80 年代以来,西方各工业国政府普遍对创新给予直接的补贴。② 财政补贴和税收优惠两者目的是一样的,但财政补贴意图更明确,方式更灵活,应采取适当的财税政策,鼓励企业加大研发投入。上海市为支持企业实施科技成果转化,规定政府财政专项资金对成功转化项目的专项研发前 3 年给予 80% 以上的扶持,后两年减半扶持;对经认定的成功转化项目给予贷款贴息;实施融资扶持政策,支持创业投资和贷款担保。江苏省财政在全国率先设立科技成果转化专项资

---

① 张茅:《推进商事制度改革向深度、广度扩展》,新华网,2017 年 12 月 23 日。
② 傅家骥:《技术经济学》,清华大学出版社 1998 年版,第 135 页。

金，2004～2010年共组织实施了543个项目，安排专项资金58亿多元，每项平均资助额度为1075万元，最大的达到4000万元。设立科技成果转化专项资金也增强了项目承担企业的科技创新意识，进一步引导企业投入，发挥企业资金的主体作用。[①] 山东应大力支持培育科技型中小微企业，对省级以上孵化器和众创空间培育成功高新技术企业的，省财政给予一次性奖补。应实施高新技术企业培育行动计划，将小微企业升级高新技术企业财政补助范围扩大到中小微企业，省财政给予一次性引导补助。要支持中小微企业创新竞技五年行动计划。

对企业自主创新的税收优惠政策要覆盖企业自主创新产品的"研发""中试"和"产业化"全过程。要积极落实高新技术企业税收优惠政策和促进完善转制院所和科研机构的税收政策，建立和企业之间的联系机制，使具有创新活动的企业都能够享受到国家和省里规定的税收优惠政策。在一定时期内，对企业销售自主创新的产品给予税收减免；技术转让获奖所得税收减免。政府可以探索制定高层次人才的税收优惠政策，实施高层次人才所得税优惠政策；适当扩大科技研究开发人员技术成果奖励个人所得税的免税范围；对高等院校、科研机构以股份或出资比例等股权形式给予科技人员个人的有关奖励，可以考虑等到科研成果收益真正到科研者手上时再纳税，而不是一分到股权就交税。

要鼓励知识产权创造运用和科技成果转化。支持高价值知识产权创造，提高PCT国际专利申请单位和个人资助标准，扩大专利创造大户、PCT申请大户奖励范围并提高阶梯奖励标准。完善知识产权质押融资风险补偿政策，扩大省知识产权质押融资财政贴息补助范围，实施企业专利权质押保险补贴政策。省里与济青烟三市联合设立科技成

[①] 黄茂兴、陈伟雄：《国内外促进科技成果转化的典型经验及其启示》，载《东南学术》2013年第6期。

果转移转化发展基金,联动支持济青烟国家科技成果转化示范区建设。要对为科技成果转化做出贡献的科技服务机构和平台给予补贴,落实支持科技成果转化的税收政策。

3. 完善创业创新的金融政策

创新活动是一项需要大量资金投入、风险大的生产性活动。广大企业家要从事创新活动,有一个重要的现实问题摆在他们的面前:资金的可获得性。对于大型企业而言,资金比较雄厚,向银行申请贷款相对容易,政府对他们的研发活动常有支持性政策,因此,大企业不缺少创新所需资金。而对于中小企业和一些正处在孵化期的创业家,他们资金薄弱,有创新的热情和能力却缺乏资金支持,影响了他们的创新活动。各地都在实施金融政策创新,推动创新创业活动。广东省财政出资 71 亿元组建的广东省创新创业基金,募资规模已达 223 亿元。[①] 北京市通过创新政府资金投入方式,深化科技金融创新,引导企业加大科技投入,建立起多层次、多渠道的科技成果转化资金投入体系。如政府投入 500 万元科技经费作为股权投资,支持国能风力发电有限公司研发大功率垂直轴风力发电设备;近几年来通过与金融机构的战略合作,累计向科技企业提供超过 300 亿元的融资额。[②] 上海市加快建设科技信贷、股权投资、资本市场和科技保险四大功能板块。江苏省推进科技支行、科技小贷公司在省辖市和高新区实现全覆盖。浙江省推进科技型中小企业贷款保证保险工作,科技企业购买保险公司的履约保证保险,同时政府拿出贷款风险补偿准备金,通过"政府+保险+银行"的风险共担模式,使无担保、无抵押的科技型中小企业获得银行贷款。在当前阶段,借鉴国外和先进省市的经验,我

[①]《广东省创新创业基金募集规模达 223 亿元》,载《南方日报》2018 年 8 月 3 日。
[②] 黄茂兴、陈伟雄:《国内外促进科技成果转化的典型经验及其启示》,载《东南学术》2013 年第 6 期。

们认为山东应专门制定鼓励创新创业、加快新旧动能转换的金融政策。

（1）政府建立创业、创新投资基金。健全从实验研究、中试到生产全过程的科技创新融资模式。整合省内各类股权投资基金，建立与国家新兴产业创投引导基金、科技成果转化基金等的合作机制，促进省内创新型小微企业加速发展。对于那些创新能力强（可以评估，看他们的团队和历史业绩）的企业，政府可以以投资的方式支持他们的创新活动。

（2）银行创新信贷产品和服务，构建科技信贷的风险市场共担机制。一是针对企业情况，金融机构创新信贷产品和服务方式，开发和推广知识产权和专利权质押贷款、动产质押贷款等一系列创新产品，支持企业进行科研创新。二是创新服务内容和服务手段。银行对优质创新型企业发放研究开发优惠贷款，低息或无息。在确保依法依规、风险可控的前提下，积极运用互联网、物联网、人工智能、大数据、区块链等现代金融科技手段，努力提高金融服务效率和水平。三是金融机构除了提供信贷外，还可以积极帮助企业获取直接融资，降低企业的融资成本。四是由于科技信贷风险较大，降低高新技术产业的融资门槛就要构建科技信贷风险市场共担机制。应当联合银行、证券公司、投资机构、保险公司、担保机构等将市场风险按比例承担，用市场化的方式解决高新技术产业融资难的问题，加大对新技术、新产业的融资支持力度。

（3）出台担保及风险补偿政策。要积极为科技投资提供财政担保、"贴息"资助等融资服务，帮助创业企业家得到研究开发资金。应当出台风险补偿和融资担保补偿政策，对于融资类金融机构的风险损失给予一定的补偿，以鼓励和引导各类金融机构支持创新创业和新旧动能转化重大工程的建设。[1]

---

[1] 尚小琳：《科技金融助力山东省新旧动能转换智慧产业化》，载《金融经济》2018年第6期。

(4) 发展各类风险投资,为创业企业家进行研发活动提供资金支持。特别是要支持天使基金的发展,以支持中小企业的创新活动和实现大众创业、万众创新。要在创新园区吸引风险投资基金公司入驻,让他们参与创业者创业的全过程。这也是深圳、杭州等地的成功经验。

(5) 推动发展小微金融,发展科技金融。要鼓励银行机构设立小微企业专营机构和专业支行,支持小微企业到区域股权交易市场挂牌,改善对初始创业者的金融服务。加大放松金融业的准入限制力度,鼓励创新,引导小额贷款、民间融资、融资担保、农村合作金融、金融属性交易市场等地方金融组织健康发展。创新发展互联网、大数据、人工智能等金融科技。

(6) 增加直接融资比重。支持中小微企业发行企业债、公司债、双创债等债券融资工具,提高直接融资比重。畅通上市挂牌绿色通道,支持符合条件的企业创业板上市。

4. 注重政策引导,加强法律保障,推动科技成果转化

创新的最终目的是成果的应用,只有应用才能形成新动能。因此,营造有利于科技成果转化应用和产业化的制度和政策环境,更能调动创新主体积极性,创业者也更容易创业成功。研究制定并认真实施比较配套的法规和政策以及考核监督办法,是推动创新创业、加强科技成果转化、推动技术扩散的关键环节。北京市以《关于进一步促进高新技术产业发展的若干规定》为基础,为科技成果转化从申报、认定、中试、转让以及企业生产和进入市场提供资金支持和政策引导,覆盖了科技成果转化的全过程。同时配套比较齐全的法规政策,如《孵化基地优惠政策》《北京市鼓励企业与高校、科研院所进行产学研合作的若干意见》《北京市人民政府关于进一步促进科技成果转化和产业化的指导意见》《北京市科技成果转化和产业化促进条例》

等，加快推动科技成果转化。北京、武汉制定股权激励、科技成果管理权改革等政策，将科技成果转让处置权完全下放至高校院所，促进科技成果转化为现实生产力。上海市出台了《促进高新技术成功转化的若干规定》及配套措施，并在修订的基础上增加了贯彻《关于加强技术创新、发展高科技、实现产业化的决定》和《关于促进科技成果转化若干规定的通知》的相关内容。上海实行高新技术成果转化项目认定制度，并制定促进高新技术成果转化的财税政策，对经认定的高新技术成果转化项目，在认定之后的一定期限内由财政专项资金对其专项研发给予扶持并实行一系列财税优惠政策。这些对于其他省市乃至全国建立健全促进科技成果转化的政策体系，加速科技成果转化和产业化具有重要的借鉴意义。[①] 江苏省发布的《科技成果转化专项资金管理办法（试行）》，对科技成果转化资金支持范围与对象、资金使用方式、资金管理，以及项目的申报、审批、管理等做了明确规定，使重大科技成果转化得到了有力保证。此外，江苏省还相继制定了《江苏省科技进步条例》《江苏省发展高新技术及其产业条例》《江苏省促进科技成果转化条例》《江苏省发展高新技术产业化工作意见》《江苏省科技成果转化风险补偿专项资金暂行管理办法》等地方性法规和政策，有力地推动了科技成果转化工作。浙江省也制定了一系列政策法规，促进科技成果转化。山东也制定了相关办法，下一步应进一步完善和健全推动科技成果转化应用的地方法规和政策，力图做到覆盖从科技成果申报到最终进入市场应用全过程，对技术成果转化过程的风险和收益问题做好划分。

5. 加强信息通信网络建设

广泛覆盖、技术先进、高速低价、安全可靠的信息通信网络是

---

① 潘强、于平阳：《科技创新助力青岛新旧动能转换思路与措施》，载《科技和产业》2018年第2期。

"互联网+"推动创新加快新旧动能转换的重要基础设施。要加快建设工业互联网和产业集聚区光纤网、移动通信网、无线局域网等信息基础设施，提升网络互联互通能力和安全水平，为"互联网+"提供网络平台和服务保障。加快互联网骨干节点升级，实施接入网、城域网IPV6升级改造。推动海底光缆系统开放，支持青岛建设国际通信业务出入口局，建设济南至互联网国际出入口局的互联网国际通信专用通道。要进一步完善省、市两级电子政务公共服务云平台，稳步实施省、市国家机关新建的业务应用系统的部署和迁移，积极推进基于云平台的信息资源共享和大数据应用，建立健全云平台服务质量评价、云平台标准及政府购买服务价格体系。

4.3.5　完善产权保护制度

十九大报告强调，要强化知识产权的创造、保护、运用。要完善产权保护制度，让创新、创业、创富者有"方向感"和"安全感"。要进一步完善创业创新的法律法规制度，以法治夯实"双创"根基。要改善中小企业经营环境，促进中小企业健康发展。保障创业创新主体的合法权益，让创业创新的各个活动有法可依、有法可循。

1. 健全知识产权公共服务体系

要健全知识产权公共服务体系，完善知识产权评估、质押、托管、流转、变现和风险补偿机制。开展知识产权综合管理改革试点和重点产业专利导航试点，加快建设一批国家级知识产权保护中心。构建省知识产权公共服务平台和齐鲁知识产权交易中心，为创新主体提供综合服务。开展知识产权区域布局试点，推进青岛知识产权运营服务体系和国家知识产权服务业集聚区建设。在烟台、东营、潍坊市设立知识产权保护中心，为企业和发明人提供知识产权快速审查、确权、维权的"绿色通道"。也可以依托省、市知识产权局成立专门机构，为企业提供咨询、管理等服务。

2. 鼓励企业加强知识产权管理

一是对在国际上具有一定竞争力的产业，鼓励省内企业之间及与国内同行业的企业之间组成专利池，增加企业之间的专利共享，并能有效地参与国际竞争，应对国际知识产权纠纷。二是积极落实《山东省工业企业知识产权推进计划》，培育优势企业、培植知识产权试点。企业应学习国外创新型企业的知识产权管理经验，组成专门机构并配备专业知识产权管理人员及律师等管理本企业的知识产权事务。大部分跨国公司十分重视知识产权的管理工作，如拜尔公司一个重要的专门委员会就是负责知识产权管理的专利委员会。跨国公司十分重视公司内部制度的建设，通过与其员工的各种合同来保护自己的知识产权。这都是值得我们的企业学习的地方。鼓励有条件的企业可以设立专门管理知识产权的部门和人员，提高管理水平，应对国际竞争。

3. 加大执法力度

强化专利行政执法，严厉打击假冒专利行为和涉及专利的诈骗行为。济南市、青岛市分别挂牌了专门的知识产权法庭，要强化知识产权保护执法，推进知识产权民事、刑事、行政案件审判"三审合一"，加强知识产权行政执法与刑事司法的衔接，加大知识产权司法保护力度。要通过事后维权和重罚加大知识产权侵权成本，打击侵权行为。加大知识产权侵权行为惩治力度，提高知识产权侵权法定赔偿上限，对情节严重的恶意侵权行为实施惩罚性赔偿，提高知识产权侵权成本。需要进一步完善知识产权民事、行政、刑事程序的内在运行机理以及相互之间的合理衔接机制，强化不同诉讼程序之间的协调与配合；需要进一步完善知识产权行政保护与司法保护之间的衔接机制、实现二者的优势互补,等等。要构建起科学、合理的知识产权综合保护的机制,发挥知识产权制度的创新激励效能。

4.3.6　加快企业管理模式的变革,适应经济国际化要求

信息技术的应用极大地促进了世界经济一体化,当前,世界各国特别是发达国家的信息化步伐不断加快,大型跨国公司都在利用信息化抢占技术、信息和市场制高点,基于信息化的跨国经济飞速发展,大量经济活动由一国范围扩大到世界范围,生产全球化、销售全球化、融资全球化、服务全球化和研发全球化导致经济资源在全球范围内重新配置。面对信息网络时代的到来,企业要积极地投身于信息系统的建设和改造,适应新形势的要求,但企业所要做的绝不仅仅是现有运作模式的电子化、网络化,而是一场从管理模式开始的变革,网络技术提供了一种崭新的信息传递手段,使得在更大范围内配置资源、组织协作成为可能,使得生产组织方式的精细化成为可能。

传统的产业分工,全能型、长链条的生产组织方式已不能适应发展需要,必须进行业务分解和结构重组。目前,山东的产业和企业大多数还缺乏国际化经营的基础和经验,与发达国家企业相比还有较大的差距,企业业务流程尚未理顺。互联网、信息技术等虽在企业管理方面有了一定的应用,但与德国的工业4.0及智能制造的要求相比,差距较大。要借助信息化手段,建立起一套与国际接轨的信息管理系统,用较短的时间,投身于国际经济大循环之中。结合引进外资同时,向世界先进的跨国公司学习,提高企业管理信息化水平,不断调整自己,通过不断创新来开拓市场,参与国际竞争。要充分应用企业资源计划(ERP)、供应链管理(3CM)和灵捷制造(AM)等信息化管理手段使企业的信息—决策—执行三者集成化,提高决策质量和效率;利用信息共享机制,将垂直一体化管理向组织扁平化矩阵式管理

模式转化；用信息技术重构过程管理、物流和资金流管理，改善成本结构，降低管理成本。要迅速提高企业的管理水平，改变过去的管理模式，实现由"产品为中心"的生产过程逐步转向以"客户为中心"生产过程的转变，为商业模式的转变、参与国际竞争打好基础。海尔在企业管理模式变革方面已经取得了成功的经验，可进一步推广海尔经验，让企业更好地适应互联网等信息技术带来的变革。

4.3.7 建设创新型文化

文化属于非正式制度安排，在推动社会文明进步、推进科技创新中发挥着不可替代的作用。回顾世界发展史，尤其是世界科学发展的历史，差不多从中世纪开始，一直到现在，无论是国内、国外，我们都可以看到：文化上的突破、思想观念上的突破，引发了科学技术的突飞猛进，或者是科学革命、技术革命，导致产业革命；而文化上的滞后，会导致观念的落后、科学技术的落后、经济的落后。美国《商业周刊》曾将"恰当的硅谷文化"归结为美国硅谷的四大成功要素之一，并将这种文化概括为：鼓励冒险、宽容失败、勇于创新和不断进取。硅谷在高科技方面取得的突出成就，深刻表明在生产诸要素中掌握着知识的人力资本的精神对于高新技术产业的发展，起着决定作用。

人才创新性、创造性的发挥，在很大程度上取决于创新文化的建设。山东加快建成创新型省份，激发创新创业人才的创新创业热情，在全社会建立起创新型文化就显得非常迫切。"官本位"思想在山东还比较严重，"官本位"等传统文化中的消极因素，既影响了政府对良好营商环境的创造，也使科研成为一些人追名逐利的工具。政府应做的就是在全社会创造一种鼓励创新、容忍失败的政策环境和文化氛围，促进社会形成包容创新、崇尚创新的共同价值观念，让创新在全社会蔚然成风。一方面要鼓励创新创业人才增强社会责任感和历史使命感,力戒急功近利;另一方面要改革人事制度和教育、科研体制,创造一个公平、竞争、合作的创新环境。山东在打造创新型文化时,以下四点应加以重视:大力弘扬创新精神;给创新人才相对自由的创新空间;营造和谐的学术氛围;要淡薄"官本位"观念。

第 5 章　构建创新驱动加快山东新旧动能转换的人才支撑

人才资源是第一资源,是推动经济发展的决定性因素,是科学发展的重要支撑。要以创新驱动加快山东新旧动能转换,必须要有人才支撑。习近平总书记在中央财经领导小组第七次会议上强调,创新驱动实质上是人才驱动,为了加快形成一支规模宏大、敢于承担风险的创新型人才队伍,要重点在用好、吸引、培养上下功夫,要用好科学家、科技人员和企业家,激发他们的创新激情。推动新旧动能转换,要把人才资源开发放在创新驱动最优先的位置,要加强创新型人才队伍建设。

5.1　人力资本在创新驱动发展中的作用分析

5.1.1　相关概念

1. 人力资本

在传统经济学中,资本通常与物质联系在一起。人们通常认为资

第 5 章　构建创新驱动加快山东新旧动能转换的人才支撑

本是一种投资的物品，能够进行迂回地生产，生产出满足人们需要的商品或服务。人力资本明确的概念是由舒尔茨首先给出的。舒尔茨（Schultz）认为，人力资本是相对于物质资本或非人力资本而言的，是指体现在人身上的，可以被用来提供未来收入的一种资本，是指人类自身在经济活动中获得收益并不断增值的能力，它可以表现为个人所具有的才干、知识、技能和资历。加里·贝克尔（Gary Becker）进一步把人力资本与时间因素联系起来，在贝克尔看来，人力资本不仅意味着才干、知识和技能，而且还意味着时间、健康和生命。国内也有不少学者对人力资本进行研究，不同的学者对人力资本的定义也不同。在本书中，笔者认为人力资本就是通过投资而形成的凝结在人体内的，能够物化于商品或服务，增加商品或服务的效用，并以此分享剩余的知识、技术、能力、经验等的资本。这一概念能够较全面地表述人力资本的基本特征：第一，人力资本是有意识投资的产物。第二，"物化于商品或服务"，表明人力资本的市场特征，说明人力资本是能直接满足于市场需要的劳动能力，把这一点与人的时间有限性结合起来是非常重要的。第三，人力资本能够促进生产力的提高和财富的增进。第四，人力资本与非人力资本一样，以此作为分享剩余的手段。[1]

2. 创新型人才

创新型人才是指富于开拓性，具有创新意识、创新精神和创新能力，能开创新局面，进行创新性劳动并取得创新性成果的人。创新型人才指的是更高层次的那部分人才。一般而言，创新型人才具体有以下几个特征：（1）有很强的创新意识。创新意识是创新的前提与动

---

[1] 本书对人力资本的定义既参考了李忠民：《人力资本———一个理论框架及其对中国一些问题的解释》，经济科学出版社 1999 年版，第 30~31 页中的定义，又结合了舒尔茨等人的定义。

力,是创新型人才强大的精神动力,它指引着创新型人才为求创新而不断探索、不断尝试。(2)有超常的创新思维。创新思维是创新的基础,是创新意识和创新能力的前提与核心。(3)有丰富的创新知识。创新是对已有知识的发展,其前提是已有的知识。这就要求创新型人才在某一领域或某一方面拥有广博而扎实的知识,有较高的专业水平。(4)有较强的合作意识。创新成果的出现往往需要多人共同努力,创新型人才要具有良好的道德修养,较强和合作意识,能够与他人合作或共处。(5)有坚韧的创新意志。创新活动是一个探索未知领域和对已知领域进行破旧立新的过程,在创新过程中,充满着各种困难和险阻,创新型人才只有具备坚韧的创新意志,才能始终坚持不懈、锲而不舍,勇于拼搏和尝试,不断战胜创新活动中的各种困难,从而最终实现理想的创新效果。(6)能够进行科学的创新实践。创新的过程是遵循科学、依据事物的客观规律进行探索的过程,任何一种创新都不能有半点马虎和空想,因此,创新型人才必须具有严谨而求实的工作作风,严格遵循事物的客观规律,从实际出发,以科学的态度进行创新实践。

5.1.2 人力资本在技术创新中的作用

技术创新催生新技术、新产业、新业态和新模式,是培育新动能和改造提升传统动能的关键,而人力资本则在技术创新中发挥了重要的作用。

1. 人力资本是技术创新的主体和源泉

在国家技术创新体系网络中,一般地,人们普遍认为企业、政府、大学、科研院所、中介机构等是技术创新的主体,但各创新主体都是具有一定存量和结构的人力资本组织,各创新主体的技术创新活动最终是由人来进行的，人力资本所有者是技术创新活动的执行者和实施者。技术创新的各个环节都离不开人力资本，如企业家做出有关技术创新的决策并配置创新资源，研发人员实际执行新技术的研究开发工作，技能人才则把研发成果进行转化，将之投入生产形成新产品，一般员工则在生产中执行具体操作，营销人员开发新的市场，将新产品销售出去，实现新产品的市场价值。而且从哲学意义上说，人力资本所有者——人就是技术创新的主体。经济学意义上的主体与哲学意义上的主体是有区别的，经济学一般把企业作为技术创新的主体，管理学通常把企业家作为技术创新的主体，而从哲学上说，主体指的是有自主意识的人。从哲学视角来看，技术创新过程是创新主体借助于一定手段的中介变革创新客体，使创新客体成为合乎人的目的和需要的活动过程。所谓技术创新主体，是与创新客体相对应的范畴，是指具有创新需求和创新能力并借助于一定中介变革创新客体的活动者。在技术创新工作的各个阶段，都离不开创新主体的创造性。正如前面所讲，企业家、研究人员、技能人才、营销人员、管理型人才等参与技术创新的各个阶段，他们才是创新的主体。在这里，我们认为，人力资本所有者是创新的执行主体和行为主体。

根据内生经济增长理论，知识和技术是内生于经济体系的，知识和技术是可以生产出来的，组织可以投入资金、设备、人力等要素来进行知识和技术的生产，在所投入的要素中，只有人具有能动性，人所具备的人力资本是影响知识和技术生产的决定因素，也是使各种生产要素报酬递增的决定因素。而生产出来的知识和技术最终也体现在人身上——即所谓的人力资本。所以，在内生经济增长理论中，技术、知识和人力资本的概念是通用的、可以相互替代的，这也说明了人力资本体现着技术进步。

雅各布·明塞尔在分析劳动力市场上人力资本对于技术变化的反应时认为，在经济增长过程中人力资本发挥了两重作用：一是作为一种由教育和培训产生的技能存量，是一种生产要素，在生产总产出的过程中与物质资本和"原始的"（未经改良的、非熟练的）劳动相协调；二是作为一种知识存量，是一种创新的源泉，经济增长的一个基本动因。①

我国学者李京文（1955）认为，虽然科学家、政府、先进企业等通常被视为产生技术进步源泉的行为主体，然而拥有一定知识、技术和能力的劳动力（人力资本）同样是进行技术创新的源泉。王金营则引入物理学"势"的概念，用"技术势"来说明人力资本在技术创新中的作用。② 他认为，人力资本是技术势形成的源泉。无论自我技术创新还是学习他人的技术，都需要物质资本和人力资本的投入。谁拥有了一大批掌握高新技术和有创新能力的科学家、科技开发人员，谁就拥有较高的技术势。技术领先区域或企业，其技术势的形成增长主要依靠自身的技术创新形成技术能量，因而称为技术创新源。可见，人力资本是技术创新活动中最具有能动性的核心要素，一切创新活动都离不开拥有一定知识和技能的人力资本所有者，人力资本存量的大小和人力资本的质量结构直接影响着技术创新的结果。一般而言，在其他条件一定的情况下，投入的人力资本存量越大、人力资本的质量越高，取得的技术创新成果也就越多。当然，技术创新活动反过来也会提升人力资本，二者具有相互增进的累进循环特征。

2. 人力资本是技术扩散的必要条件

首先，人力资本的存量和质量影响技术的扩散和吸收。尼尔森和菲尔普斯（Nelson and Phelps，1966）的研究表明，新技术扩散的范围和速度与一个国家的人力资本存量具有密切关系。在其他条件一定

---

① 雅各布·明塞尔：《人力资本研究》中译本，中国经济出版社 2001 年版，第 427 页。
② 王金营：《人力资本在技术创新、技术扩散中的作用研究》，载《科技管理研究》2000 年第 1 期。

第 5 章　构建创新驱动加快山东新旧动能转换的人才支撑

的情况下，人力资本存量越大，质量越高，技术扩散的范围就越广，扩散的速度就越快。[①] 王金营则采用"技术势差"来说明人力资本在技术扩散中的作用。[②] 他认为由于技术势差的存在，才导致技术转移和扩散。技术势能有三种贮存形式：人工制品（如技术设备和工艺流程）、技术资料和人力资本。人工制品和技术资料仅仅是技术知识的"存储器"，而人力资本则不仅仅是技术知识的"存储器"，更重要的，他是技术知识的"选择器""解读器""吸收器"和"生成器"。[③] 技术扩散的实质是技术从高技术势向低技术势传播，也就是创新源的技术能量分别以显性能量传播和隐性能量传播两种形式向模仿和追赶区域或单位扩散转移。技术扩散过程中，技术的潜在采用者的技术原始积累水平越高，人力资本存量越大，他就越容易学习、消化和吸收创新技术，逐步缩小与创新源之间的势差，使技术创新源和技术采用者的技术势都得到提高。只有在技术采用者具备了相应的技术积累和人力资本存量两个条件下，才能得以实现扩散和转移。一些学者在国际贸易理论中，也通过实证研究，论证了东道国人力资本状况对于技术吸收的作用。许多实证表明，发展中国家要想从跨国公司的技术溢出效应中获益，人力资本水平是关键，它不仅是技术溢出的重要途径，也是一国技术吸收能力的关键。如博伦斯坦（Borensztein）开创性的研究证实了东道国人力资本投资对于技术吸收的重要性。利用 1970 ~ 1989 年各国样本数据，博伦斯坦考察了 OECD 国家对 69 个发展中国家的技术外溢效果，结果表明外商直接投资（FDI）对东道国经济增长的作用受东道国人力资本的临界值影响（threshold effect），即只有

[①]　Nelson. R. R. and Phelps, E. S. . Investem in Humans, Techonolgical Diffusion and Economic Growth, *Amercian Economic Review Proceeding* 56 （May 1966）, pp. 69 – 75.

[②]　王金营：《人力资本在技术创新、技术扩散中的作用研究》，载《科技管理研究》2000 年第 1 期。

[③]　王大洲：《技术创新与制度结构》，东北大学出版社 2001 年版，第 52 页。

当东道国人力资本存量足够丰裕时，东道国才能充分吸收 FDI 的技术外溢。[1] 徐（Xu）则利用聚类回归方法测算出东道国人力资本存量的临界值为 2.4 年（博伦斯坦对临界值的计算结果为 0.52 年）[2]。纳鲁里（Narula，2004）也指出，东道国吸收能力的一个重要组成部分就是人力资本水平。这些实证研究都表明，发达国家技术转移效果比较明显，而欠发达国家技术转移效果不明显，其原因就是欠发达国家没有充足的人力资本吸收跨国公司的技术转移。东道国获得技术外溢效应的必要条件之一就是东道国拥有经过良好训练的人力资本。总体来说，如果东道国的人力资本水平比较高的话，也就意味着学习能力比较强，吸收跨国公司的技术外溢自然更容易。王艳丽、刘传哲通过对中国的实证研究，也得出了人力资本水平的丰裕程度决定了 FDI 技术溢出的大小的结论。[3] 以上理论和实证研究表明，人力资本是技术扩散的必要条件。一个国家或区域只有加大人力资本投资，增加人力资本积累，才能加快技术扩散的速度，拓宽技术扩散的范围。

其次，人力资本的流动推动和加速技术扩散。人力资本是智力、知识和技术等在人身上的体现，一些先进的技术、知识等无形资产掌握在人的手中，那么人的流动和配置过程，从一个企业流向另一个企业，从一个国家或地区流向另一个国家或地区，也是技术扩散的过程。由于高技术企业的 R&D 资本很大程度上体现在研发人员身上，特别是关键的工程师身上，当研发人员离开企业时也带走了其所拥有的 R&D 资本，这样员工流动事实上减少了企业的独占性，减少了垄断利润，同时产生一定程度的技术溢出，出现了技术扩散。如跨国投

---

[1] E. Borensztein and J. D. Gregorio and J. W. Lee，1998. How Does Foreign Direct Investment Affect Economic Growth? *Journal of International Economics* 45，pp. 115 – 135.

[2] Xu，2000. Multinational Enterprises，Technology Diffusion，and Host Country Productivity Growth. *Journal of Development Economics* 62，pp. 477 – 493.

[3] 王艳丽、刘传哲：《人力资本与 FDI 技术溢出——来自中国的证据》，载《统计与观察》2006 年第 9 期。

资就会产生国家之间的技术溢出。当跨国公司在东道国进行直接投资时，由于跨国公司必须通过培训当地员工才能转移先进技术到国外子公司。因此，跨国公司一般就会培训当地雇员，如对技术人员、管理人员进行培训。一旦培训成功后，员工被当地企业聘用或开设自己的企业时，技术溢出就会发生，他们在跨国公司学到技术就会使本土企业受益。福斯福里特尔（Fosfurietal，2001）研究表明，技术外溢主要归功于员工从跨国公司到当地企业之间的流动，这些经过培训的员工在当地企业间的流动产生了较好的技术溢出效应。格森伯格（Gershenberg，1987）研究发现一部分管理人员经过一段时间后可能离开跨国企业，进入本土企业工作，这样他们在跨国企业掌握的管理技能会传递到本土企业，产生溢出效应。阿尔梅达等（Almeida et al.，1999）通过分析半导体产业的专利数据，发现71%的技术是复制或修改先前雇主的技术，说明关键知识是通过关键工程师的流动来传播的。还有调查表明，现有发展中国家的私人或国有企业的经理人员中，大多数曾任职于跨国公司的子公司，并在那里得到了良好的培训，从而为发展中东道国积累了人力资本，为该国的技术创新提供了人力资源保证。

最后，人力资本的流动和再配置催生产业集聚。弗里曼等（Feldman，1996）认为，人力资本流动及聚集不仅提供了高级劳动力市场，而且由于人力资本流动与聚集所产生的知识及技术溢出效应，还可使聚集企业的生产函数好于单个企业的生产函数，进而导致企业区位选择的聚集特征与产业集中状况的出现。他们利用创新数量方面的数据进行了验证，对大多数具有创新特征的产业来说，其地理分布确实具有明显的集聚特征，如加利福尼亚的计算机行业和半导体行业、新泽西的医药业等。阿尔梅达等（Almeida et al.，1999）通过对硅谷的深入调查，认为硅谷的工程师和技术员工的频繁变换工作有助于技术外溢的发生，且证明技术外溢确实有利于企业生产力的提高，但技术外溢效应会随着地理距离加大而逐渐衰退。凯勒（Keller，2000）通过R&D支出对周边国家产生的影响分析了技术溢出的距离特征，证明通过人力资本的流动可代替技术的流动结论。总之，一国或地区的人力资本水平和人力资本流动状况是影响技术扩散的重要因素，而技术扩散又通过提高新技术在企业中的应用而使产值大幅度增加，进而有利于该国或该地区竞争力的提高和经济的发展。因此，在区域科技创新体系建设中，为了提升区域科技创新能力和促进经济发展，提高人力资本存量和质量，促使人力资本流动就显得格外重要。

3. 人力资本对创新能力的影响

（1）人力资本存量的影响。

从前面论述我们知道，人力资本是技术创新的源泉和技术扩散的必要条件，因此，一国或地区人力资本存量和结构将直接影响该国或该区域的技术创新和技术进步。一般而言，在其他条件一定的情况下，拥有的人力资本存量越大、质量越高，创新能力就越强。如美国在科技创新中一直在世界各国中保持领先地位，就是因为它拥有世界上质量最高、数量最多的科学家、工程师和其他科技人才。在各区域或国家的创新能力或科技竞争能力的指标设计上，科技人员数量和质量都是一个非常重要的影响科技竞争能力或创新能力的变量。如瑞士洛桑学院的国际科技竞争力评价指标体系中，人力指标占有非常重要的位置。欧洲商业管理学院在评估各国的创新能力时，主要考虑8个因素：制度和政策、基础设施、人的能力、技术水平、商业市场和资本、知识、竞争力、财富。人的能力也即人力资本水平是影响一国创新能力的重要因素。世界历史的发展也表明，一个国家或区域的科技队伍的规模和质量，科技人才的数量和水平，在很大程度上决定着该国或地区的生产力水平，决定着它在世界上的经济地位和政治地位。英国在17世纪拥有了牛顿、波义耳和哈雷等一大批科学家（占世界科学家总数的 36% 以上），科研成果约占全世界总数的 40%，所以工业革命首先发生在英国是必然的。① 美国自 20 世纪以来，吸纳了大批科技人才，因而取得了科技和经济的强大优势。② 70% 左右的诺贝尔奖获得者在美国工作。

（2）人力资本质量的影响。

虽然人力资本总量是影响科技竞争力和创新能力的一个重要指标或因素，而人力资本的质量和结构相对于数量来说，显得更为重要。我国是世界上科技人员和研发人员最多的国家。但无论是数量还是结构和质量都远不能满足经济社会发展的需求，特别是高层次科技人才十分短缺，缺乏世界一流的创新团队和领军人才，能跻身国际前沿、参与国际竞争的战略科学家更是凤毛麟角。山东省的情况也是如此，人力资本总量多，但高端人才较少。因此，要想使山东实现创新驱动发展，加快新旧动能转换，必须要有更多的具备科技知识的人员投入到科技活动中来，特别是投入到 R&D 活动中来。因此，如何提高科技人才的质量，以及改善人才成长和使用的环境，是提升山东创新能力的一条重要途径。

（3）人力资本的配置的影响。

首先，人力资本和其他要素之间的配置比例影响技术创新能力。技术创新活动需要投入资金、设备、人力资本，根据边际生产力递减规律，这些投入要素之间的配置有一个最佳比例，只有当各要素之间的配置达到最优或次优水平时，各要素才能发挥其最大的作用。同样，人力资本和其他要素之间也有一个最佳配合比例，当它们之间的配置达到或接近这一最佳比例时，才能使技术创新活动的成果最优化。如 R&D 经费和 R&D 人力之间就应该有一个最佳的投入比例，二

---

① 姜从盛：《科技创新人才的培养与激励》，载《科技创业月刊》2004 年第 3 期。
② 鲁志国：《广义资本投入与技术创新能力相关关系研究》，上海三联书店 2006 年版，第 242~247 页。

者之间的比例如果偏离最佳比例较多,就会影响技术创新的产出。在第3章我们已经分析过山东省R&D人员数量多,但人均研发经费少,制约了科技创新产出的问题。

其次,人力资本在不同产业的配置也会影响技术创新。不同产业的人力资本载体从事的技术创新活动的类型不同,在创新活动中起的作用不同。作为国民经济发展支柱的第二产业,其人力资本水平比第一产业要高出许多,但和第三产业相比,比重仍然偏低,造成山东制造业领域自主创新能力差。学科或专业分布机构不合理,在从事R&D活动的专业人才中,新材料、新能源、生物技术、现代医药、环保等类专业人才短缺。

最后,人力资本在不同创新主体之间的配置影响创新能力。企业、政府、大学、科研院所和中介机构是不同的创新主体,在创新过程中发挥着不同的作用。在技术创新体系中,企业是最重要的创新主体,它可以集创新思想—研发—新产品—销售于一体;大学和科研院所主要从事创新思想—研发;中介机构主要使研发成果向新产品转化。因此,企业内的人力资本存量和结构直接影响企业乃至区域和国家的创新能力,人力资本在企业中的比例越高,该地区或国家的创新活动就越活跃,从而其创新能力就越高。随着创新型国家的建设,我国企业研发人员的比重不断上升,2016年,企业的研发人员总量占全国的77.7%,[①] 但我国科研院所和大学与企业间的协作与联系不够,产学研合作创新还有待于进一步推动。山东省情况也是如此,高层次人才大多在高校和科研院所,在企业工作的较少。因此,应制定合理的人才流动政策及相关配套措施,鼓励高科技人才流向企业。

从以上可知,技术创新和技术进步对人力资本有很强的依存关系。为什么发达国家总是处在技术创新的领先位置,而发展中国家主

---

① 《2016年我国科技人力资源发展状况分析》,科技部网站,2018年3月5日。

要靠技术引进来提高本国的技术水平。这主要是因为发达国家的人力资本存量（特别是创新型的人力资本）和质量要高于发展中国家。从区域看也是这样，人才总是流向经济发达的地区。在技术创新过程中，人力资本是唯一具有能动性的要素。技术创新从"灵感"的火花到付之于行动，到最终走向市场，无不是人的活动。总之，人力资本既是科技的创新主体，又是科技的接受客体，人力资本是推动科技发展和进步的重要力量。所以，在技术创新体系建设中，只有提升人力资本的质量，增加人力资本存量，并搞好人力资本开发利用和合理配置，才能提高技术创新能力，从而率先建成创新型省份，推动新旧动能转换，实现高质量发展。

5.1.3 创新型人力资本分类

在创新活动中，不同类型的人力资本在创新中的地位和作用不同、群体和个体的行为特征及需要等不同，这就需要对他们合理分类，并就不同类型的人力资本采取不同的培养方案、设计不同的创新激励制度，这样才能构建结构合理的创新型人才队伍，保证技术创新体系建设的成功。创新型人才队伍建设，不仅只针对高层次人才，我们要实现大众创业、万众创新，就要激发各类创新主体的积极性。因此，本书根据人力资本在技术创新活动中的地位和作用的不同，将人力资本分为以下几类：企业家人力资本、研发型人力资本、技能型人力资本、管理型人力资本和营销型人力资本。这些不同类型的人力资本能够合作完成某项一技术创新活动，可以说，一项完整的技术创新活动需要以上各类人力资本的共同参与。

1. 企业家人力资本

在本书中，我们认为企业家是拥有人力资本的载体，是人力资本的一个重要类别。企业家人力资本主要是指具有创新精神，在创新活动中能够起决策和配置创新资源功能的人力资本。在现实生活中，对应的主要是在企业部门的企业家、高级经理人及在大学、科研院所工作具有企业家精神的科研部门或科研团队的负责人。

企业家人力资本在创新活动和创新体系中地位较高，作用非常突出。这从国内外经济学家们对创新和技术创新的定义中就可以见到。例如，按照熊彼特的定义，创新是企业家对生产要素的新的组合。弗里曼（Freeman，1982）认为，技术创新就是指新产品、新过程、新系统和新服务首次商业性转化。我国清华大学的傅家骥等（1998）认为："技术创新是企业家抓住市场潜在盈利机会，以获取商业利益为目标，重新组织生产条件要素，建立起效能更强、效率更高和费用更低的生产经营系统从而推出新的产品、新的生产（工艺方法），开辟新的市场，获取新的原材料或半成品供给来源或建立企业的新组织，它是包括科技、组织、商业和金融等一系列活动的综合过程。"[①] 我们从以上定义，不难看出企业家在技术创新过程中所起的作用，甚至可以说他们是企业技术创新活动的主角。可以说，企业家是创新的重要主体——决策主体和执行主体。具体来说，在创新体系建设中，企业家起的作用主要表现在五个方面：一是企业家是技术创新的决策主体——对整个创新过程涉及的创新目标及创新活动方案进行优化设计、选择并付诸实施。企业家要对怎样进行创新、如何创新、何时创新及对技术创新过程中出现的不确定因素做出正确的决策，从而使技术创新顺利进行。企业家之所以能成为创新决策主体，首先与其所具有的品格，即企业家精神（entrepreneurship）分不开的。具有创新意识、实干精神、机会意识和奉献精神等企业家精神，是企业家成为技术创新决策主体的基本保证。其次，企业家之所以能成为创新决策主

---

① 傅家骥：《技术经济学》，清华大学出版社1998年版，第13页。

体，是因为其具有创新决策权力，而这也正是现代企业制度的要求。由此可见，企业家是技术创新的推动者。二是部分企业家是创新的执行主体，他们直接从事各种创新活动，其中包括技术创新活动。如专家型企业家，他们具有理论和生产的结合能力，直接从事技术创新活动。一些原本是科学家、工程师类的专家后来依靠自己的成果成立了公司，像王选、比尔·盖茨（Bill Gates）等就是这类企业家。三是企业家还是组织内部制度的制定者，他们制定的各种制度（包括激励制度）将直接影响着组织的创新活动和其他类型人力资本的创新活动，从而影响着组织的创新能力，进而影响创新体系的建设。企业家通过企业激励制度和其他相关制度的建设，在企业内部营造创新气氛，促进创新观念的产生，调动员工创新的积极性，使全体职工共同捕捉创新机会。四是企业家重视研究和开发活动，把其作为技术创新日常管理的一项工作来抓，并配置创新资源，是技术创新的组织者。五是企业家是技术创新的应用者和传播者。总的来说，企业家人力资本在创新体系中的作用是不可或缺的，他一方面推动企业的创新活动，另一方面也促使大学、科研院所的研发成果向现实生产力转化。因此，企业家人力资本是推动企业创新、提升企业创新能力，从而提升区域或国家创新能力的核心要素。

2. 研发型人力资本（专业技术类人力资本）

研发型人力资本是指具有较高的理论知识积累，从事研究开发工作并具有创新能力的人力资本。在现实中对应的是在企业研发部门工作的科学家、工程师，以及在大学、科研院所工作并从事研究工作的科学家、工程师、研究员、教授等。研发型人力资本是创新的执行主体，他们具体从事科学研究和技术开发工作，离开他们，科学研究、技术开发等创新活动将无法进行。他们在技术创新体系中的作用主要有：一是参与创新决策，这是指对创新决策方案进行技术上的论证，并对其提出相关的参考建议。二是进行创造性的思维活动,形成新的创意。一切创新都是从创造性的思维活动开始,这是创新过程的第一阶段。三是通过个人或团队的研究、开发、设计、研制,将新的创意开发出来,形成创新专利或其他的创新成果,并把知识形态的科技成果形成新产品样品、样机或工艺模型,经过中间实验使之变成可进入生产领域的产品或工艺。研发型人力资本的创新活动主要是处于创意、研究开发和科学实验三个环节,是创新体系必不可少的组成部分。没有研发型人力资本,创新活动就无法进行。并且我们在前面已经指出,研发型人力资本的存量大小和质量既影响技术创新源也影响技术扩散和转移,直接影响国家或地区的技术进步和科技竞争力。我国目前的科研人员的总量在国际上处于优势地位,但相对量较低。

在创新活动中,研发型人力资本与企业家人力资本各自承担的角色不同,具有不同的职能(见表5-1)。

表5-1　　　　　　　　科技专家与企业经理的不同职能

科技专家的职能	企业经理的职能
提出项目	做出企业的经营决策
寻找新思想、发明新方法、开发新技术	对各种经营方案进行可行性研究
做具体的研究开发工作	进行总体规划
负有限的责任	对整个企业的兴衰负责
专业化、与科学技术打交道	与人打交道,负责管理、组织、鼓励人
运用自己的技能	使用别人的技能来实现目标
对财经有一定的关心	负经济责任

资料来源:杨德林、陈春宝:《科技专家如何向科技型企业家转变》,载《科技导报》1997年第6期。

虽然在技术创新体系中,二者的职能不同,但这两类人力资本起着核心的作用。可以这样说,如果没有这两类人力资本,创新活动就无法进行，创新体系和创新型国家的构建也就无从谈起。

3. 管理型人力资本

管理型人力资本是指具有一定的管理知识和具有管理、沟通、协调能力的人力资本。在现实中对应的是各类经营管理人员（这里不包括企业家）。他们在技术创新体系中的作用主要有：一是协调各部门之间的关系，在部门中传递创新信息，具体执行创新资源的配置，以保证创新活动的顺利进行。一般来说，在创新决策方案制定出来以后，需要由管理者对其进行细化分解，确定实施决策方案的步骤和顺序，动员并组织实施决策方案的各阶段创新人员，自觉地为实现创新目标而有效地开展工作，并且配置相应的物质资源。在执行决策方案的过程中，管理人员可以根据具体情况，调整、修改原来的方案。在一定意义上说，管理人员的活动，就是通过对创新决策实施过程中创新主体的活动进行调节和控制，保证创新决策的有效执行。二是参与制定有关创新管理的相关制度，特别是激励制度和管理制度，培育创新型的企业文化，切实调动起其他创新主体的创新积极性和主动性。管理型人力资本的职能主要是参与企业各项管理制度的制定并对企业的各项日常事务加强管理。在现代企业中，管理大多是针对人的，因此，企业的各项规章制度、日常行为规范和企业文化的培育，直接影响到一个企业的创新环境和创新氛围，进而影响创新人才的创新努力程度。管理型人力资本在创新中的作用可见一斑。

4. 技能型人力资本

技能型人力资本是指那些经过专门培养和训练，具备必要的理论知识，掌握了较高水平的应用技术（经验技术）、技能和理论知识，并具有创造性能力和独立解决关键性问题能力的人力资本。掌握经验技术，主要从事操作和维修的人才称为技能型人才，对应的，其所掌握的知识、技能等便是技能型人力资本。因此，本书中所讲的技能型人力资本，其载体主要是掌握经验知识，以技术工人、技师、高级技师的现实形态存在着。技能型人力资本在技术创新体系中的作用主要体现在：一是将研发成果转化为新产品。新产品的产生，当然要靠研发人员去进行研究开发，但要将研发成果转化为新产品，将设计的图纸转化为新的产品。生产制造的每一个环节都离不开技能人才的智慧和高超技能，必须靠技能人才的双手去完成。二是高技能人才也是技术革新和技术攻关的主要参与者，他们是将科技成果转化为现实生产力的实施者和操作者，是企业技术创新的主要执行者，在企业技术创新活动中起着不可或缺的作用。凭借技能人才的技能和经验，他们可能会发现产品设计、工艺过程和技术装备的某些局限和问题。对此，他们可能做出某些创新和改进，甚至可能形成在生产中发挥重大作用的技术诀窍等；他们也可能通过适当的方式反映给现场工程师或技术创新 R&D 部门加以修正，并成为技术创新 R&D 研究课题的重要来源之一。[①] 正如马克思指出的："只有结合工人的经验，才能发现并且指出，在什么地方节约和怎样节约，怎样用最简便的方法来应用各种已有的发现，在理论的应用即把它应用于生产过程的时候需要克服哪些实际障碍，等等。"[②] 技能人才特别是高技能人才在技术创新链中是重要的一环，他们通常工作在生产、技术服务、管理第一线，对企业的技术创新起着重要的作用。他们虽然不可能在高端技术上有突破性创新，但他们在企业积累型或渐进型技术创新中却起着其他人才所无法替代的作用。他们对企业渐进型技术创新的贡献最易集中在基层的工艺创新（经营管理创新、生产与服务创新、营销等活动方面），其内容遍及提高技术、节约原材料、节约能源、降低成本、加速资金周

---

① 李兆友：《技术创新主体论》，东北大学出版社 2001 年版，第 120 页。
② 马克思：《资本论》第 3 卷，人民出版社 1975 年版，第 120 页。

转、改善生产组织与改进管理等各个方面,从而使企业获得较好的经济效益。如青岛港集装箱码头技师许振超,创造了震惊世界航运界的集装箱装卸效率,主持编写了国内第一本《港口桥吊作业手册》;鞍钢化工总厂的机修工人李晏家自学30门课程,技术创新成果56项,创效3000多万元。总之,技能人才在技术创新中起着重要的作用,是一种不可缺少的创新型人力资本。

5. 营销型人力资本

营销型人力资本是指具有一定的市场营销知识和专业知识,具有较强的技术操作能力和与人交往的能力,敢于进行市场开拓的人力资本。在现实生活中,营销型人力资本所对应的是各类营销人员。营销型人力资本是技术创新中不可缺少的一类人力资本,他们在技术创新体系中的作用主要有:一是营销型人力资本载体为技术创新提供相关创新信息,为创新决策提供服务。一项具体的技术创新,是从对创新项目、创新机会的识别开始的。在市场经济中,技术创新也是以市场为导向的,营销人员及时、准确地提供市场需求的相关信息资料,为创新决策者把握创新机会、做出创新决策提供了信息支持。因此,国外的一些学者非常重视对市场需求的研究。如美国经济学家施穆克勒(Schmookler)在《发明和经济增长》(1966年)一书中,首先提出创新受市场需求的引导、制约。1969年,美国麻省理工学院的马奎斯等人(Marquis et al.)抽样调查了567项不同的技术创新实例,结果发现,其中3/4是以市场需求或生产需要为出发点的,只有1/5以技术本身的发展为来源。[①] 当然,现在人们大都认为,市场需求和技术知识对技术创新都是非常重要的。市场营销人员通过市场调查与市场预测做出的市场需求的某些信息,降低了创新决策的不确定性,有利

---

① 李兆友:《技术创新主体论》,东北大学出版社2001年版,第138页。

于创新企业及时有效地组织研发等创新活动。可以这样说，在某种程度上，营销型人力资本载体的这种创新认识活动，构成了一个具体的技术创新活动的逻辑起点。二是营销型人力资本通过市场开拓与创造，将技术创新的成果——新产品销售出去，在市场上实现其价值，使技术创新取得收益。根据技术创新的定义，经过研发型人力资本和技能型人力资本的创新活动，新产品生产出来后，并不意味着创新活动的结束，因为不论多么先进的创新产品，只有转化成用户满意的商品，占领了市场，技术创新活动才算成功。而这要依靠创新型人力资本的创新活动，通过一方面研究创新产品的特点、性能，另一方面研究客户的心理、需求，把创新产品转化成用户满意的产品。三是营销型人力资本与研发型人力资本和技能型人力资本的创新活动相配合，从而使得技术创新顺利进行并且创新成果符合市场需要。技术创新活动是一项需要各类创新型人力资本共同合作完成的经济活动。只有在营销型人力资本与研发型人力资本和技能型人力资本协调合作的条件下，技术创新才能符合市场需求，创新才能取得成功。古朴塔等人（Gupta et al.）对创新 R&D 人员和市场营销人员之间的协同作用进行了较为深入的研究，他们认为，成功的产品创新经常以创新 R&D 人员和市场营销人员之间的密切联系与协同合作为转移，这种协作的质量对高技术创新企业尤为重要。①古朴塔等人的调查还发现，82% 的 R&D 经理希望直接与市场创新人员交流，而不是与高层管理人士交流，他们支持市场创新人员参观 R&D 实验室并合作开发新项目，以了解 R&D 活动的实质。R&D 人员也可以同市场创新人员一起拜访顾客，并派人员到市场营销小组工作。由此可见，要取得技术创新的成功，企业应建立一种 R&D 人员和市场营销人员之间的协调机制，最大限度地发挥市场创新人员的作用。另外，技能型人力资本

---

① 李兆友：《技术创新主体论》，东北大学出版社 2001 年版，第 192 页。

和营销型人力资本之间的协作,可以提高创新产品的质量,因为市场创新人员比较了解客户的需要,他们根据客户的需要对创新产品的生产提供各种建议,有利于技能人才改进生产技术,提高创新产品的质量。而市场创新人员也可以通过和技能人才的协作,更好地了解创新产品的特点和性能及技术上的细节,从而能更好地为客户服务,更有利于创新产品的销售。总的来说,市场创新人员的创新活动是整个技术创新链条中不可缺少的一部分。特别现在互联网平台下的创新,多是合作创新,个性化定制成了特色。因此,如何与顾客沟通合作也成为创新的重要组成部分。我国目前的创新成果转化难的问题,大多是由于技术创新活动与市场需求相脱离,特别是高校和一些研究所的创新活动,由于缺乏营销型人力资本的参与和协作,使得大多的研究成果被束之高阁,无法转化成现实的商品,所以也无法称之为成功的创新。因此,在山东的创新型省份建设过程中,一定要制定相应的制度,鼓励营销型人力资本载体的创新积极性,并鼓励他们同其他创新型人力资本载体合作,以提升区域技术创新能力和科技竞争力。

当然,根据在创新活动中人力资本的存在形态,则可以把人力资本分为个体人力资本和群体人力资本。在设计激励人力资本创新的各种制度和政策时,既要考虑到人力资本创新的团队生产性质,又要考虑到个体差异。

总之,不同类型的人力资本在创新活动各阶段和创新体系建设中的地位和作用是不同的,但不可否认的是,他们都是创新的主体——决策主体或执行主体。我们要建设区域技术创新体系,建设创新型省份,就要承认各类人力资本的创新能力,充分调动他们创新的主动性和积极性,建立一种全民参与创新的机制,真正实现大众创新,那么,我国和各省的创新能力、科技竞争力和国家(区域)竞争力将会不断提高。这里的关键是根据围绕各类人力资本,去建设创新型人才队伍，以为实现创新驱动、加快新旧动能转换、实现高质量发展提供人才支撑和智力支撑。

5.2　山东创新型人才队伍建设现状

　　山东省委、省政府一直比较重视人才队伍建设。2004年提出了"人才强省"战略。2008年，省委把"培育造就人才"作为建设经济文化强省的六大战略举措之一，坚持把科教兴鲁和人才强省作为加快推进经济文化强省建设的核心战略。2009年省委、省政府制定了《关于加强人才工作的意见》，从8个方面提出了29项加强全省人才工作的意见，提出了一系列具有重大实践意义、操作性强的政策措施。2010年山东省制定了《山东省中长期人才发展规划纲要（2010~2020年）》。2011年，省委、省政府发布了《关于实行人才工作目标责任制考核的意见》，把各市的人才工作考核结果纳入科学发展综合考核，专门设立了"人才发展水平"指标。为了认真贯彻落实党的十八大和十八届三中全会精神、习近平总书记系列重要讲话和视察山东重要讲话精神，深入实施人才强省战略，增强人才在引领产业转型升级中的重要作用，2015年5月，山东发布了《关于实施泰山产业领军人才工程的意见》，制定了《泰山产业领军人才实施细则（试行）》，又分别制定了高效生态农业创新类实施细则、传统产业创新类实施细则、战略新兴产业创新类实施细则、现代服务业及社会民生产业创新类实施细则、科技创业类实施细则、产业技能类实施细则。2018年4月，中共山东省委、山东省人民政府发布了《关于做好人才支撑新旧动能转换工作的意见》，提出人才新政20条，主要从人才工程、引才用才机制、人才培养开发模式、创新创业载体、人才生态环境、组织领导等7个方面提出了20条突破性措施，含金量高、针对性强、支持力度大,是对全省人才发展体制机制改革的再探索、再创新、再突破。山东人才发展全面驶入快车道。

5.2.1 山东创新型人才队伍建设取得的成就

2003年以来,山东省确立了以人才工程引领带动各类人才队伍建设的总体思路,打造了泰山学者、创新团队、首席技师、乡村之星等人才品牌工程,后又实施了泰山产业领军人才工程、蓝色领军人才团队计划等,在省级层面上形成了"泰山""齐鲁"两大系列人才工程和西部人才支持计划,形成了亮点纷呈的人才发展生动局面。

1. 人才总量不断增加

截至2015年底,山东人才资源总量增长较快。全省人才资源总量达到1477万人,比2010年增加502万人,增长51.5%,人才资源占人力资源总量的比例达到18.3%。2016年,全省R&D人员47.6万人,年均增长5.7%,总量居全国第4位。2017年,山东人才引进层次全面提高,数量不断增加,住鲁两院院士、"千人计划"专家、泰山系列人才工程等人才数量都创历史最高。[①]

2. 形成了一批具有比较优势的人才队伍

"泰山"和"齐鲁"两大系列人才工程品牌,影响力和内涵不断丰富,使人才在引领创新驱动和产业转型中发挥了重要作用。泰山系列人才工程品牌成果丰硕。截至2017年,泰山系列人才工程总人数达1695名。一大批重大原创成果和尖端先进技术成果填补了省内国内空白,累计获得国家级科技奖励335项,其中国家技术发明、自然

---

① 鲁才轩、滕敦斋:《山东人才发展驶入快车道》,载《大众日报》2018年1月30日。

科学、科技进步一等奖19项，国家技术发明、自然科学、科技进步二等奖210项，承担国家级项目2772项，省部级项目2721项。同时，工程取得了显著的经济效益，以泰山产业领军人才工程为例，仅前两批人选研发成果直接转化项目就达到1354项，研发成果转化合同交易额达到118.9亿元，创业类人才创办企业累计销售收入70亿元。泰山系列人才工程已成为具有全国影响力的人才工作品牌。山东为加强高技能人才、农村实用人才和社会工作专业人才队伍建设，分别启动实施了齐鲁首席技师、齐鲁乡村之星和齐鲁和谐使者三项重点人才工程，为基层和一线优秀人才脱颖而出搭建了平台。截至2017年底，全省技能人才总量达到1106.4万人，高技能人才突破290万人。其中，在第44届世界技能大赛中，山东小伙袁强收获工业控制项目金牌，山东姑娘曲笛获得烹饪（西餐）项目的优胜奖，实现了一金一奖的历史性突破①。

此外，山东在以下人才建设中具有比较优势。一是海洋科技人才。山东省是国家海洋科技创新的核心基地，海洋科技人员占全国40%，承担了近50%的海洋域"973""963"计划项目。拥有国家驻鲁和市属以上涉海科研、教学机构56家，省部级海洋重点实验室27家。二是农业科技人才。截至2015年底，全省拥有农村人才212万人，② 2017年全省农业科技进步贡献率达到63.27%，高出全国5个百分点，连续多年主要农业经济指标和农作物产量居全国首位。③ 三是企业创新人才。截至2015年底，山东省企业人才达978.8万人，占人才总量的66.3%。④ 全省共有10个企业国家重点实验室，177个

---

① 鲁才轩、滕敦斋：《山东人才发展驶入快车道》，载《大众日报》2018年1月30日。
② 范俐鑫：《山东企业近千万装备制造业缺口最大》，载《济南日报》2016年9月10日。
③ 《山东省新旧动能转换现代高效农业专项规划》，2018年7月20日。
④ 《山东公布人才资源家底：企业人才多　地区分布差距明显》，齐鲁网，2016年9月9日。

国家级企业技术中心（全国1369家），① 36个国家级工程技术研究中心，75个国家级科技企业孵化器，国家级创新型（试点）企业45家，都在全国位居前列。② 同时，围绕煤炭、汽车、电子信息、新材料、太阳能、数控机床、医药等领域建立了行业技术中心，全省多数大中型企业普遍建立了多种形式的技术开发机构。以企业为主体的高端人才队伍发展迅猛。

3. 加大引才力度，积极引进海内外人才

面对当前各省激励的人才竞争新形势，山东推出了引进顶尖人才"一事一议"实施办法，对全职来山东开展创新工作的杰出人才和领军人才，分别给予最高400万元人才津贴、5000万元项目资助或6000万元直投股权投资支持。创办企业5年内成功上市的，省级引导基金在企业中所占股份全部奖励给人才及创业团队。2017年采用"一事一议"办法引进杰出人才3人、领军人才4人，入选项目资助总金额达到2.24亿元。③

为提升引才工作的精准度和科学化水平，山东重点打造"齐鲁之约""中国山东海内外高端人才交流会""山东名校人才直通车"三大引才品牌活动，示范带动各级各部门加大引才力度，吸引更多海内外人才来山东创新创业。山东集聚各方面优势资源，将青岛国际院士港打造成国际顶尖人才的集聚高地，接洽包括2名诺贝尔奖获得者在内的211名国内外院士，签约引进了袁隆平、马伟明等75名院士，21个院士项目进入实质性评估及落地阶段。④

---

① 《山东国家企业技术中心达177个》，载《大众日报》2018年7月28日。
② 《山东省新增9家国家级科技企业孵化器》，大众网，2017年1月23日。
③ 《山东通过"一事一议"引进7位顶尖人才》，载《大众日报》2018年3月5日。
④ 鲁才轩、滕敦斋：《盘点2017年：山东人才发展全面驶入快车道》，载《大众日报》2018年1月30日。

"十二五"期间，19名外国专家入选国家"千人计划"外专项目，14人获中国政府友谊奖，117人获省政府齐鲁友谊奖，实施引智项目3650项，引进国外先进技术、成果6128项，解决各类技术难题8492项，引进外国专家约13万人次。2016年来山东工作的外国人才38677人次，实施各类引智项目965个，引进外国专家3077人次。2016年，山东又有7名外国专家入选新一批国家"千人计划"外专项目，3名外国专家入选首批国家"首席外国专家"项目，2所省属院校入选国家"高等学校学科创新引智计划"，数量均居全国第2位。2017年组织4个团组赴北美、欧洲等11个国家地区进行招才引智，共对接高层次人才725人，达成初步引进意向210人，现场签约引进70人，开启了山东面向全球配置人才资源的新征程。①

山东各市也纷纷制定相应政策，加大引才力度。如青岛对高层次人才的引进力度很大，对全职引进、自主培养的顶尖人才，按规定给予500万元安家费。而对顶尖及领军人才所领衔的团队项目，经评审认定，可给予1000万元至1亿元综合资助，同时支持其人才、项目、平台一体化建设。青岛已经引进了两个团队，分别是戴宏杰领衔的铝离子动力和储能电池团队、吕志民领衔的肿瘤精准医学团队。这两个引进的顶尖人才团队，将分别获得1亿元财政综合资助。烟台市提出了15条人才"黄金新政"，在人才引进方面，对符合要求的顶尖人才（团队），经评审认定给予最高1亿元的资助或1.5亿元的直投股权投资支持，对顶尖人才用人单位给予最高500万元奖励。资助额度达到了全国一流，力争以高含金量的政策措施，加快汇聚海内外优秀人才。此外，打造"慧聚烟台"海外引才活动品牌，实施"百名高端人才烟台行"工程，坚持"走出去"与"引进来"相结合，进一步拓展招才引智渠道。2017年10月，烟台专门组团赴美国和加拿大开展

---

① 《未来五年山东省将引进100名国际知名专家》，载《齐鲁晚报》2017年5月3日。

政策推介和招才引智活动。在纽约、圣迭戈、旧金山及温哥华举办4场人才政策及人才需求推介招聘会，共与36名海外人才签署了来烟创新创业意向协议；分别与中国旅美科技协会、斯坦福大学华人生命科技协会、加州大学圣迭戈分校留学生学生会、圣迭戈州立大学留学生学生会及温哥华英属哥伦比亚大学（UBC）大学留学生学生会签署了人才交流合作协议；依托纽约烟台同乡会、旧金山硅谷科创中心和加拿大齐鲁华人总商会设立了3处"烟台市海夕人才工作联络站"。

4. 加强人才培养和培训

为健全更加实用有效的人才培养开发模式，山东提出"六大人才培养计划"：新工科优先发展计划、青年人才国际化培养计划、企业家发展领航计划、企业博士（后）集聚计划、高技能人才素质提升计划和哲学社会科学优秀人才培养计划。

2017年以来，山东省将省市两级人才培训班次统一纳入全省人才培训计划，创新形式内容、优化服务措施，实现了省市联动、一体化推进。全省各级各部门共举办各类专家人才研修班27个，培训2538人次，各市共举办各类人才研修班210多期，累计培训1.1万余人次。[①] 同时，山东还积极探索社会化培训模式，依托中国人民大学举办全省高层次人才创新创业示范培训班，取得了很好的效果。

5. 深化人才发展体制机制改革

实施创新驱动发展，关键还是靠人才。为了激发人才创新创造活力，2016年7月19日，山东省委发布了《深化人才发展体制机制改革实施意见》。该实施意见着眼于破除束缚人才发展的思想观念和体

---

① 鲁才轩、滕敦斋：《盘点2017年：山东人才发展全面驶入快车道》，载《大众日报》2018年1月30日。

制机制障碍，解放和增强人才活力，从人才管理、引进、评价、流动、激励保障等方面，明确了22项改革内容、46项重点任务，提出了一系列突破性改革措施。后来又审议通过了《关于支持省级人才改革试验区建设的若干意见》《引进顶尖人才"一事一议"实施办法》《支持重点企业加快引进高层次产业人才实施办法》等政策文件，加快推动实施意见中的重要改革举措落地生效。山东积极举荐表彰科技人才。国家级、省级科技奖励是科技人才的重要荣誉，能有效激发人才创新创业活力。2017年，山东推荐的王军成等10人荣获全国创新争先奖，获奖人数居全国前列，并授予丁新华等63人第十一届山东省青年科技奖、于京华等59人第九届山东省优秀科技工作者的荣誉称号。山东不断改进和完善人才服务绿色通道制度。实行高层次人才服务绿色通道、高层次人才服务专员等制度，探索建立一体化高层次人才服务体系。在为引进高层次高技能人才提供出入境和居留、配偶随迁、子女入学、医疗保险等17项便捷服务的基础上，进一步拓展旅游、健身、交通等绿色通道服务。建设贯通省市县的服务"专窗"，在省人力资源社会保障厅设立"山东省引进高层次高技能人才服务窗口"。

省级各部门单位深入推进改革，推出了一批力度大、操作性强的改革措施。省教育厅、省科技厅、省人力资源社会保障厅联合印发《科技成果转化对口合作工作指引（试行）》《学科性公司工作指引（试行）》等文件，进一步打通科技成果转移转化通道。省外办在全国外事系统中率先出台《高等学校和科研院所教学科研人员因公临时出国管理规范》，对教学科研人员赴国（境）外开展创新创业活动给予了优先保障。省国资委研究制定《关于深化省管企业人才发展体制机制改革的实施意见》，全面优化了人才管理、考核评价、创新激励等方面。省人力资源社会保障厅制定了《深化职称制度改革的实施意见》，坚持以职业分类为基础，以科学评价为核心，全面推进职称制度改革。金融办出台了《山东省金融高端人才奖励办法》和《齐鲁金融之星选拔管理办法》，金融人才培养体系不断健全。

山东各市也立足实际，积极探索、扎实推进，使人才发展体制机制改革取得了新进展新成效。东营制定出台了《关于进一步加强企业家队伍建设的意见》《东营市科技企业孵化器产权分割转让管理暂行办法》等配套文件23个，全面完善了人才工作政策体系。济南推出"人才新政30条"，推进人才培养、评价、流动、激励、引进和投入保障等机制改革，形成了更加科学高效的人才管理体制。青岛围绕"一带一路"和"国际化"，研究起草了海归精英培养工程、顶尖人才认定和奖励实施细则、首批顶尖人才及高层次人才团队申报等政策，确保人才支撑青岛重大战略顺利推进实施。烟台印发实施《烟台市博士后资金资助管理办法》《烟台市重点人才工作督办通报制度》等政策文件，扩大了人才政策覆盖面，人才发展环境进一步得到优化。

正是山东省各级党委政府认识到了人才的重要作用，持续改进人才体制机制，营造良好的创新创业环境，人才对经济社会发展的支撑引领作用不断增强，特别是在现代农业、装备制造、科技、新能源、新材料、新信息、社会事业等经济社会发展重点领域，聚集了一批高端人才。截至2015年底，山东省人才相对集中在装备制造、能源资源、农业科技、社会工作、科技、金融财会、新材料、信息等经济社会发展重点领域，分别占全省人才总数的25.86%、16.24%、8.4%、8.35%、8.04%、7.2%、6.05%和5.25%。[①]

5.2.2　山东创新型人才队伍建设存在的差距和不足

虽然山东省的创新型人才队伍建设取得了较好的成绩，对山东的

---

① 姜洋：《山东人才资源总量达1477万人》，大众网，2016年9月9日。

创新发展、新旧动能转换发挥了重要的支撑作用。但对标先进省市，山东创新型人才队伍建设还存在较大的差距，特别是在创新驱动发展方面，其支撑和引领作用还存在较大的不足。

1. 人才结构和分布不尽合理

（1）高端创新型人才不足。山东创新型人才总量较多，但高层次人才数量较少，缺乏国际一流的高端人才、领军人才和创新团队。目前，住鲁两院院士、长江学者、国家"千人计划"人选等，均比广东、江苏、浙江少。从数量上看，山东现共有住鲁两院院士49人，而江苏拥有100人，上海有185人，广东有86人，在合肥工作的有87。而在江苏，仅南京大学就有院士32人，驻浙江省的浙江大学有院士38人，分别接近山东省院士总量。2017年中国科学院院士工作地分布在全国25个省、直辖市、自治区，其中，北京市410人，上海市106人，江苏省45人，湖北省25人，陕西省23人，广东省20人，辽宁省19人，以上8个省、直辖市、自治区共有院士648人，占全体院士的81%，而在山东工作的仅13人。[①] 全国"千人计划"前10批引进了4180余名高层次创新创业人才，山东拥有国家"千人计划"专家131人，占比仅3%。截至2017年底，山东共有千人计划专家205人，而仅苏州市就有226人。[②]

（2）应用性研发人才少，与经济社会发展关系密切的微电子、光机电一体化、生物工程、新能源、新材料等方面的人才偏少，金融、证券、资本运作等方面的人才比较缺乏，山东省理论研究方面的人才较多，应用型人才相对偏少。

（3）创业型人才少，企业家队伍建设有待提升。一是企业家队伍

---

① 《院士工作地分布》，中国科学院网站，2017年12月1日。
② 数据来自于山东省人力资源保障厅及山东省国民经济和社会发展统计公报。

结构仍不合理。企业经营者总量多,但企业家、领军式人才少,特别是有影响力和带动力的企业家偏少。传统型企业家多,创新型企业家少;依赖本地资源、从事低端传统产业的企业家居多,从事新兴产业和高新技术产业的企业家较少;家族式企业家多,职业化企业家少。二是企业家整体素质还需提升。一些企业家为"草根"型创业者,头脑精明但缺乏开阔的视野,具备长远战略眼光、主动与先进知名企业合作的不多,一些企业家对国家产业政策、财税政策研究和争取的主动性不够。有的企业家行事稳健但缺少一定的创新精神,在现代金融、资本市场、企业"走出去"发展等方面的知识和能力不足。有的企业家在生产技术、开发新品上搞拿来主义、跟进战略。有的企业家法律意识和法制观念淡薄,在财务制度建设和维护员工合法权益方面存在差距。

(4) 行业分布不合理。一些与经济社会发展密切相关的行业如农业、对外经贸、金融保险、法律、高新技术研发等,专业人才明显不足。全省人才队伍主要集中在党政机关和事业单位,专业技术人才40%分布在教育卫生系统。[①] 江苏引进的"双创"计划人才91%在企业,山东引进的泰山学者、海外特聘专家在企业的为51.4%。[②] 这样就容易造成高校、科研机构创新型人才的科学研究工作可能和市场脱节,科技成果转化和产业化率比较低,高层次人才对新旧动能转换的支持作用会受到一定的影响。江苏的科技进步贡献率2017年达到62%,[③] 这也和"双创"计划人才九成多分布企业有关。

(5) 人才的地区分布差异较大。从省内东西部地区来看,人才水

[①] 董廷杰:《2013~2014年山东省创业环境分析》,载《山东社会形势分析与预测(2014)》2014年6月1日。

[②] 数据来源于山东省人民政府办公厅。

[③] 《江苏省2017年国民经济和社会发展统计公报》,中国统计信息网,2018年3月12日。

平还很不平衡,截至 2017 年 9 月 14 日,全省 45 名全职院士中,青岛市有 26 人,占全省 1/2 以上。从全省高层次人才的年龄、专业领域看,结构不合理不优化的问题还比较突出。青岛市的 26 名院士中,有 19 人在海洋专业领域,平均年龄 77.6 岁,绝大多数超过了科研创新的黄金期。① 各类创新型人才主要集中在青岛、济南、潍坊、烟台、淄博、威海、济宁等市。就研究开发人员来说,主要集中在青岛等 8 市,占 70% 以上。博士毕业人才,前 8 个地区占全省的比重为 80% 以上。规模以上工业企业研发人员全省共有 326793 人,其中前 8 个城市就有 236737 人,占了 72.4%。而高层次人才,85% 集中于青岛、济南两市,其他城市、基层单位和中小企业人才相对不足。从数据分析来看,"人才马太效应"更加凸显,一方面发达地区人才济济,优秀人才仍然不断涌入;另一方面欠发达地区人才匮乏,优秀人才仍然不断外流,截至 2015 年底,青岛市人才资源最多,达 181.8 万人,占全省的 12.3%。从人才资源总量占常住人口的比重看,威海市最高,达 20.8%,比全省平均水平高 5.8 个百分点。②

(6) 引进国际人才数量少且结构不尽合理。目前,每年来山东工作的外国专家约 2.5 万人次,长期在山东工作的外国专家超过 1 万人。与广东、江苏、上海、北京等省市相比,数量偏少,广东年引进外国专家近 14 万人次,江苏约 10 万人次,上海约 9 万人次,北京约 8 万人次。在境外专家占当地城镇单位就业人员的比例方面,山东约为 0.2%,而上海约为 1.4%,北京约为 1.0%,广东和江苏约为 0.7%,天津约为 0.6%。企业负责人、高级管理(技术)、科研人员占长期专家的比例,山东约为 60%,天津约为 88%,广东、江苏、福建、上海和辽宁约占 80%。外来专家中最具创新性行业人才占比,

---

① 《山东人才分布不均,45 位住鲁院士 26 人在青岛》,载《齐鲁晚报》2017 年 9 月 14 日。
② 姜沣:《山东人才资源总量达 1477 万人》,大众网,2016 年 9 月 9 日。

山东约为40%，河北为80%，广东约为78%，江苏约为70%。长期专家占境外人才比例，山东约为50%，广东高达近90%。① 外来专家七成以上集中在青岛、烟台、济南、威海、潍坊5市。在引进外国专家中，文教专家占比较大，经济类专家占比较少。这与山东实施创新驱动发展战略，推动新旧动能转换的要求结合得不够紧密。

2. 人才发展政策和机制与先进省市有一定差距

创新驱动发展关键在人。高端人才不足的原因在于山东在人才的培养、引进和使用方面的政策和机制上与先进省市还存在一定的差距。

人才是第一资源，高层次人才是战略性资源。各国之间、国内各省市、各城市之间，纷纷出台政策争抢人才。据不完全统计，过去一年内，长春、西安、重庆、成都、杭州等30多个城市纷纷出台人才引进计划。如2018年上海人才新政明确，创业人才、创新创业中介服务人才、风险投资管理运营人才、企业高级管理和科技技能人才、企业家这五类人才可直接在沪落户；浙江义乌对入选"义乌英才"计划的高层次创业、创新人才和社会事业发展紧缺人才，5年内分别给予最高5000万元、2000万元、400万元奖励。北京中关村对标美国硅谷、吸引全球人才。为了让外籍人才"进得来，留得住"，中关村在出入境措施上，允许中国籍高层次人才的外籍配偶及子女，通过直通车程序申请永久居留；允许来中关村的外籍知名专家学者以及中关村企业的境外员工，换发多次入境有效的访问签证；外籍高层次人才的科研辅助人员、随迁外籍子女来华就读都享有出入境便利。北京市实施的外籍人才出入境管理新政中10项为全国首创，通过新政为570余名外籍高层次人才办理了我国永久居留"绿卡"，数量实现突破性

---

① 王辉耀、李庆、王建芳：《来华工作境外专家区域竞争力分析》，载《中国区域国际人才竞争力报告》，社会科学文献出版社2017年版，第213~234页。

增长。不久前，北京还进一步对创业团队和投资人落户给予重大优惠。2017年11月1日是首个深圳人才日，《深圳经济特区人才工作条例》开始实施，新建成的深圳人才公园开园，对人才的重视已经成为深圳的城市基因。杭州在引进人才时，除了提供资金外，政府还在人才住宿、子女上学等方面提供方便，让他们在创新创业之外，其他一切事情都可以得到解决。广东省在引进高层次人才方面一直力度较大，引进的创新团队最高可资助1亿元。广东引进的创新科研团队和领军人才，层次高、创新能力强，"珠江人才计划"四批共引进包括4名诺贝尔奖获得者，2名诺贝尔奖评委，1名欧盟最高科学奖"笛卡尔奖"获得者，30名发达国家院士在内的90名领军人才，带动全省汇聚了230个团队，3万名国际人才来粤。[①] 如前所述，山东这几年也出台了很多政策，但就引才力度而言，和先进省市还存在一定的差距。在科技人才引进和培养方面，政策缺乏系统和衔接，各地已经出台的政策也没有落实好。

人才引进来，关键是要留得住，用得好。如京沪深杭四城市不断创新思路、深化改革、完善服务，让创新人才进得来、留得下、干得好。目前，虽然山东出台了引进各类创新型人才及鼓励创新创业的政策，但相对先进省市，山东人才发展和创新创业环境还不尽如人意，在全社会范围内真正形成尊重、关心、支持创新型人才干事创业的良好氛围和共识上还有一定差距。促进科技领军人才、创新团队创新创业的机制尚不完善。山东大部分企业的科技人员尽管有较高的工资，但技术要素分配的机制尚未形成，始终摆脱不了高级打工者的身份，挫伤了科技工作者的积极性。对人才的继续教育方面尚不完善。如对企业家的教育培训没有建立系统化、常态化机制，缺少专门培训机

---

① 《去年广东研究与试验发展经费支出占GDP比重达2.25%》，中新网，2014年2月14日。

构，经费投入不足。企业对各类技术人才、技能型人才的后续培训缺乏统一的认识，很多企业没有建立起培训激励机制。据对 2000 名科技人才进行问卷调查显示，从未参加过单位组织业务培训的科技人才占 40%。政府在对企业人才培训方面也没有较好的对策措施。

3. 人才发展载体建设需要进一步提升

山东存在高层次人才工作平台不多、"红利"不大的问题。高位人才平台少，突出表现为与全省发展战略、重点领域和产业布局相配套的一流平台数量少，支撑引领产业发展的作用小。如山东拥有的 985、211 高校数量是 3 家，而北京、上海、江苏分别为 26 家、9 家、11 家。从承载平台来看，截至 2016 年底，山东高新技术企业的总数 4692 家，广东省则达到了 19857 家。缺乏科技创新领军企业，在发明专利申请受理量排名前 10 位的国内企业，专利申请量及授权量前十名的企业中，山东均无一家。在国际人才方面，据不完全统计，江苏 2015 年举办的大型国际人才活动达 49 场；北京在留学人员创业园 （32 个）、海外高层次人才创新创业基地（41 个）、侨梦苑建设等方面走在全国前列，每年一次的欧美同学会北京论坛、中国留学人员回国创业与发展论坛、创业与知识产权沙龙等活动也具有较强的影响与号召力；[①] 广东每年一次的中国留学人员广州科技交流会也在 2016 年升级为中国海外人才交流大会暨中国留学人员广州科技交流会，成为吸引国际人才的高端平台。山东自 2001 年起每两年举办一次"海洽会"，举办的大型国际人才交流会次数较少。截至 2015 年底，山东建立了留学人员创业园 42 家，留学人员创业孵化基地 26 家。与先进省市相比，山东吸引国际人才的高端平台相对较少，例如只有青岛海尔

[①] 李庆、陈肖肖：《北京国际人才竞争力分析》，载《中国区域国际人才竞争力报告》，社会科学文献出版社 2017 年版，第 77~100 页。

和济南高新区两家国家级海外高层次人才创新创业基地。目前山东的创业服务中心、大学科技园、留学人员创业园等成果转化和中介服务平台较少，还没有一个完善的中介服务体系。重大资源整合提升步伐慢，在"实"的要求上有差距。做实人才工作，重中之重在于建好人才载体平台。这些年，山东建成了一大批人才载体，但在整合、提升方面力度不够大，散的问题还很突出，难以发挥整体作用。重点实验室、企业技术研发中心、科研机构、公共科技基础平台等各个载体之间缺乏紧密纽带，创新成果产生和转化平台缺乏，科研产业化渠道不够畅通，人才资源整合效应不强。

5.3 加强创新型人才队伍建设，提供智力支撑

创新是第一动力，人才是第一资源，创新驱动实质上是人才驱动。《2015~2016年全球竞争力报告》指出，一个经济体培养、吸引、利用和支持人才发展的能力与其竞争力高度正相关。山东要以创新驱动发展促进新旧动能转换，关键是要构建一支规模宏大、结构优化、布局合理、素质优良的创新型人才队伍，统筹推进各类创新型人才队伍建设，建立健全多元化人才培养机制，加大人力资本投资，打造"人才山东"品牌，以高层次和高技能人才队伍建设为重点，统筹推进重点人才工程建设。要大力培养和引进山东高质量发展急需的高端紧缺型创新人才和创新团队。构建与山东创新发展相结合的人才开发体系，深化改革、创新体制，大力营造尊重知识、尊重人才、鼓励创新创业的社会氛围。

5.3.1 构建动态的山东省创新型人才信息数据库

在经济发展的不同时期,急需的人才种类也在不断发生变化。在山东经济发展的现阶段,比较急需的是企业家人才和各产业特别是战略新兴产业领军人才和创新团队。积极引进各类创新型人才特别是产业领军人才是山东人才工作的一项重要任务。大数据时代的人才可以出现在世界任何一个角落,他可以为世界上任何一个公司效力,人才国际化将全方位开启,人才战争将比以往更为激烈。谁能尽早把大数据体系建立起来,谁就能在新一轮人才战争中占据主动地位。构建数据库的目的,就是发现潜在人才,掌握这些人才的信息,以便为我所用。

2015年12月,国内首个数字人才信息平台在南京航空航天大学成立,该平台旨在利用"互联网+"和大数据为用人单位提供精准的高层次人才服务,根据产业发展和经济结构调整及时预警行业领域人才缺口,为政府人才决策提供参考。数字人才信息平台在全国率先通过最先进的数据挖掘、数据提取、数据分析、数据检索、数据应用技术,从个人名片展示、数字人才信息检索、智力成果劳动转换等方面实现人力资源管理数字化。山东于2016年遴选了首批高端智库人才,从近千名申报人选中遴选出183名智库高端人才,汇聚了大批海内外高层次专家,涉及经济建设、政治建设、文化建设、社会建设、生态文明建设和党的建设6大领域。[①] 智库高端人才是经济文化强省建设需要的决策咨询人才,将为全省各市、各相关部门在产业发展、社会治理等方面发挥智库专家的作用,不断提高党委政府决策的科学化水平。今后省委组织部会同有关部门利用互联网、大数据专门建立面向

[①] 《2016年山东人才十件大事》,齐鲁网,2016年1月17日。

全球动态的各类创新型人才信息数据库，将大数据运用到人才评价和管理中去，为山东产业转型升级和经济文化强省建设服务。

1. 建立专家信息数据库

对国内外专家根据其从事专业类别进行分类，方便为各产业发展引进专家，或者委托专家完成某个具体的研究项目。

2. 构建海外创新型人才信息甄别数据库

（1）企业家人才信息甄别数据库。在全球利用互联网技术构建山东急需产业的创业企业家，如互联网科技企业家、互联网工业企业家、战略新兴产业企业家等信息数据库，发现潜在的创业企业家。

（2）研发型人才信息甄别数据库。第一步可以构建山东籍海外留学（理工科类）攻读博士学位及已在海外就业人才信息甄别数据库，根据他（她）们所学专业及其所属产业领域进行归类，根据历史资料（学习经历、发表论文）及现今所在学校、单位对其潜在能力进行评价甄别。第二步可以扩大到所有中国留学人才信息。对他们的信息进行长期的跟踪并进行分析，对具有领军人才潜质的特别关注，这样可以及时发现山东产业转型升级所需研发型人才并能适时引进。第三步扩大到外籍人才。在建立数据库时，可加强与各海外留学生联谊会、境外猎头公司的联系和合作，及时获得和更新海外人才信息。

（3）知识产权人才信息甄别数据库、营销型人才信息甄别数据库，这些创新型人才甄别数据库的建设与研发型类似。

下一步应对省人社厅、教育厅、科协、高校、职业院校之间的人才信息数据库进行整合，构建全省统一的创新型人才信息数据库，对现有的各类人才分类整理，实施动态管理。

5.3.2 着眼于创新驱动发展,增强创新型人才培养的针对性

前面我们已经分析了不同类型的创新型人才对技术创新的作用是不同的,针对不同类型的人力资本,可以采用不同的培养办法。

1. 加强企业家人才队伍的培养

按照熊彼特的理论,企业家是创新的主体。一个国家或区域的创新活力,在很大程度上取决于企业家群体的素质。因此,山东应加大对企业家人力资本的培养。企业家群体的培养可以采取以下方式:一是以培养造就国际化、职业化、现代化的企业家群体为目标,每年从大中型企业和民营骨干企业中选拔一定数目的高层管理者,送往国内外著名大学进行高层次、战略性培养。二是可以依托高校建立山东省职业经理人培训中心,围绕产业转型升级开展形式多样的培训,加强与国外大学、知名企业或其他培训机构的合作培训。优化院校和企业合作模式,引导和鼓励企业经营管理人才参加高层次的学习培训。三是加强中小企业管理者的培训。四是加强青年创业人才队伍建设,鼓励他们去高校进修各种管理课程或攻读管理学学位。五是可以开设企业家论坛,切实发挥企业家协会的作用,为企业家之间的交流与合作提供平台。六是在全省各地打造创客空间,为更多的企业家、创业家的脱颖而出创造良好的外部环境。可以借鉴国内外的经验,在众创空间和科技园区,管理部门可以组织创业者和园区企业家的联谊活动,让有经验的企业家帮助创业者选择合适的商业模式,既提高了创业成功的概率,又提高了创业者的素质。

2. 加强研发型人才的培养

增强企业、产业乃至区域的核心竞争力,培育战略性新兴产业,

改造提升传统优势产业，做强做大装备制造业，最终实现产业的转型升级，其关键在于提高产业的自主创新能力，最终取决于研发型人才的创新活动。对研发型人才的培养可以采取以下几个途径：一是加强全省特别是各中心城市高等教育的发展，集中支持建设高水平理工院校（分校区），根据产业发展需要调整专业设置，培养山东经济可持续发展所需要的素质高、研究开发能力强的科技人才。在目前的新形势下，特别要调整新一代信息技术、数控机床和机器人、工程机械、环保设备等高端装备制造业、新材料、生物医药、绿色化工等产业的专业设置，大力培养产业转型升级所需人才。二是加强产学研结合和开放式合作，让研发型人员参加与研究开发活动紧密相关的研究项目。三是组织研发人员参加本专业的国际性高级学术研讨会。四是有计划、有目的选送年轻、优秀的研发型人才出国进修，鼓励他们与国外知名高校、实验室进行合作，参加国际交流活动，保持与国际科技前沿领域的密切联系。五是鼓励高等院校、科研院所的研发型人才向企业流动。

3. 加强技能型人才的培养

既要具有较高的知识层次和创新能力，又要掌握熟练的操作技能的技能人才是现代制造业生存、发展的核心资源和重要要素，是打造制造业企业核心竞争力和产业竞争力的核心要素之一，也是制造业走向价值链中高端的前提条件和保障。因此，提升山东的自主创新能力，实现新旧动能转换，就必须加大技能人才的培养力度。首先，大力发展职业教育，围绕山东产业发展需求，积极调整职业教育专业设置，创新培养模式，推广产学研结合的培养模式，推广订单式培养，重视实践环节，着力培养实用型、复合型的技能人才，为经济发展输送高素质劳动力。其次，鼓励企业设立专门的培训机构，也可以和高校、职业学校合作，积极培训本企业的员工。最后，地方政府也可以设立培训基金，或者采取税收或补贴政策，鼓励企业培训技能人才。

4. 加强党政人才的培养

提高党政人才的素质，对正确处理政府和市场的关系，推动山东创新发展和新旧动能转换有着积极的作用。因为创新创业的营商环境、政府服务、相关政策制定和落实等情况，也就是一个区域的创新创业环境和氛围的营造，是和党政人才密切相关的。只有广大党政人才不断进行理论创新、思想创新、制度创新、勇于探索，才能打造良好的创新创业环境，才能吸引更多的创新型人才。本书认为，可以通过以下途径培训提升山东的党政人才：一是除了省政府公派出国留学外，省里应开辟专项资金，有计划地对本省相关政府部门人员（如省经信委、发改委、科技厅、商务厅、知识产权局等）实施国内、国外短期培训。二是应鼓励党政人才的个人提升计划。目前年轻的公务员学历层次普遍较高，有着较强的求知欲和上进心，他们积极进修学习时，组织和单位应给予支持，在工作安排和学费缴付上给予一定的照顾。只要不参加高价研修班，单位都应支持。

当然，知识产权人才、营销人才、科技中介服务人才等都需要加大培养力度。

5.3.3 加大引才力度，实施人才安居工程

1. 加大引才力度

对产业领军人才、各类创新型人才和创新团队，应加大引进力度。与广东、江苏等省份比，山东在人才引进经费、项目资金资助等方面力度明显较小。鉴于高层次人才的超高回报率，在引进国际一流的产业领军人才（如诺贝尔奖获得者或者某学科国际顶尖人才）和创

新团队时，项目研究经费应向广东、江苏等省份看齐。

2. 实施人才安居工程

引进人才后，留住人才是关键。由于房价较高，住房成本也成为影响人才流动的一个重要因素。遵循"南风法则"，实施安居工程，是留住人才的重要举措。山东也可借鉴先进省市的做法，实施人才安居工程。一是对于引进的产业领军人才和创新团队而言，各种配套政策如子女入学、配偶就业、住房等，要落实好。特别是对于来企业工作的高层次人才，政府应给予优惠的政策和补贴。二是对于各类创新型人才，在住房上可采取一定的措施。如深圳市对到深工作的本科以上人才，在住房上均采取租、送、补相结合的政策。不同层次的人才，政府每月补贴一定的租房补贴，3年后可购买安居房。住房补贴的发放要在人才是否在深圳当地企业工作为准。杭州、义乌也有人才购房补贴政策，义乌对当地需要的人才买房时补贴30万元，补贴直接发给企业，由企业选择发放人选。这都是政府和市场结合比较好的人才安居激励措施。山东各地政府也可采用类似的政策解决好各类创新型人才的住房问题，给人才更多的关心、关爱和关怀，解决好创新型人才的后顾之忧，让他们全心投入到创新创业活动中去。

5.3.4　搭建人才承载平台，吸引更多的创新型人才来山东

创新创业平台，是创新型人才特别是研发型人才进行创新活动的载体，是创业者成长的载体，是能否吸引高端人才和创新团队的关键。山东应进一步加大投入，建设高效创新创业平台。

1. 省政府应大力打造服务于产业发展、成果转化的高端创新平台

为促进科技成果转化，上海于2012年专门设立了上海产业技术

研究院，其目的就是创建科研合作平台、加快成果应用和转化，以及实现科技体制机制创新。上海产业技术研究院的理念是"开放创新、服务产业"。开放创新，即上海产业技术研究院是非营利性科技研发与服务机构，不设围墙，向社会开放创新资源，吸引社会各界创新人才、思想、资本等共同参与创新，分享智慧，共享成果。服务产业，就是上海产业技术研究院把为产业发展提供技术引领和支撑服务作为价值取向。通过开展产业共性技术研发，解决产业链缺失环节、关键环节上的技术需求，提升传统产业升级；通过新型产业技术的研发和服务，发展战略性新兴产业。上海产业技术研究院作为组织者和行动载体，推动共性技术的研发，推动科技成果的转化、推动商业模式的创新。江苏省也设立了江苏产业技术研究院。山东应借鉴上海和江苏的经验，由省委、省政府出面专门设立类似产业技术研究院这种实施开放式创新、推动科技成果转化、服务产业发展的高端平台。这样就可以充分利用创新型人才信息数据库，根据产业发展和企业的需求，适时地组织相关专家和研发型人才进行某一专题和项目的研究工作，既能充分聚集和利用国内外高端创新人才，又服务于产业发展，做一些高校、科研院所不愿做、企业特别是中小企业做不了的创新活动，将已有的创意和技术应用转化成生产力，较好地解决科技和经济"两张皮"的问题。而这种创新平台一方面可以着眼于科技创新前沿领域、山东制定的战略性新兴产业（如高档数控机床和机器人、3D打印、新材料等）科技成果应用转化，推动战略性新兴产业的发展；另一方面，可以根据企业的需要，组织创新型人才开发应用相应的技术。山东已有的创新平台，也可以按照这种模式采用柔性的、开放式的创新型人才管理办法，充分利用创新资源，推动山东产业转型升级，培育新动能。

2. 打造一批产业创新平台和企业创新平台

要围绕山东战略性新兴产业重点领域，着力培育具有超前研发能力和自主知识产权，跟踪国际先进技术水平，达到国内一流水平的创新平台。推动青岛海洋科学与技术国家实验室进入国家实验室序列，支持开展重大科技专项、建设重大科研平台和引进培养高层次创新人才团队。争取国家E级超级计算机项目落户山东，完善省级重点实验室分类布局，加快推动省级重点实验室建设。推动共建中国科学院海洋大科学研究中心，支持与中国科学院共建黄河三角洲现代农业技术创新中心，培育建设一批引领产业技术创新方向的省级技术创新中心、制造业创新中心、临床医学研究中心。做大做强一批省级重点企业技术中心，鼓励大中型骨干企业，强化研发机构建设，提升自主创新能力，增强吸纳高层次人才的能力。抓好企业创新平台建设，重点支持行业技术中心、企业技术中心、工业设计中心、工程技术研究中心等建设，提升行业和企业自主创新能力，推进国内外名校、大企业共建创新载体，从而吸引更多的创新型人才向企业流动。

3. 抓好成果转化和中介服务平台

重点支持各级各类技术创新服务中心和中介机构，分层次、分行业建设各类专业技术信息服务平台，为高校、科研机构和企业提供科技信息、成果转化、成果孵化、技术交易、科技评估、科技咨询和人才中介等方面服务，切实推动科技成果转化。

5.3.5 完善创新型人才创新创业的良好环境

1. 完善创新型人才激励制度

任何创新创业活动都需要激励。要探索试行合理的能够体现人才贡献价值的薪酬制度。要鼓励企业探索各种产权激励机制，如股权激励，对于做出贡献的创新型人才，可以实行股票奖励、股票期权等激励措施，对于技术人才，也可以采用技术持股、技术入股或技术成果分成、研发人员和企业共享技术成果产权等产权激励模式。除以上剩余索取权激励外，还要探索高层次人才的控制权激励。如可以扩大研发团队首席专家在选题立项、人才配置、设备使用、奖励分配等方面的自主权。

为了激励有真才实学的研发人才从事自主创新，建立符合科技人才规律的多元化考核评价体系，对科学研究、科研管理、技术支持、行政管理等各类人员实行分类管理，建立不同领域、不同类型人才的评价体系，明确评价的指标和要素。完善科技人才创新荣誉制度，建设一批"科技领军人才创新工作室"，设立"首席中青年科学家"岗位。完善财政性科研项目和资金管理制度，加大对实施法人治理结构科研院所的创新支持力度。

2. 构建区域人才协调使用制度

创新型人才的区域分布不均衡，是影响山东人才缺乏地区产业转型升级的制约因素。因此，构建区域间创新型人才特别是高端人才的协调使用机制，对全面推动山东的创新驱动发展、产业转型升级至关重要。本书认为，应建立开放型的人才使用机制，特别是相对落后地区在环境建设、企业实力等方面缺乏人才吸引力的情况下，可以考虑和济南、青岛等人才较为密集地区合作，既包括产学研合作、项目合作，也可以在创新平台建设及使用方面合作，如共同建设类似产业技术研究院这样的平台，相对落后地区就可利用该平台聚集高端人才，开发本地区产业转型升级所需技术，起到虽然不能把高端人才吸引到本地，但能为本地高质量发展起智力支撑的作用。

3. 完善人才市场体系

完善经理人市场及各类创新型人才市场，让市场机制在人才配置中起基础性作用。通过市场机制的作用,让市场发现人才、评价人才、配置人才,使人才在产业间、区域间的配置更加合理。

4. 建立和完善科技信用制度,增强道德规范

目前,我国科技人才的诚信还有待提高,因科技人员不守信用、道德失范,在流动中侵犯原单位的技术经济合法权益的行为时有发生。为提高科技信用水平,山东也要建立和完善科技信用制度,增强道德规范。对科技人员应设立诚信档案,并对失信人员采取披露制度。我们认为,科技信用制度应和人力资本市场建设、相关科技法规建设结合起来,这是一个系统工程。

参 考 文 献

[1] 马克思:《资本论》第3卷,人民出版社1975年版。

[2] 诺思:《制度、制度变迁与行为绩效》中译本,上海三联书店1994年版。

[3] 道格拉斯·C. 诺思等:《西方世界的兴起》中译本,华夏出版社1998年版。

[4] 弗里曼克、苏特罗著,华红勋、华宏慈译:《工业创新经济学》中译本,北京大学出版社2004年版。

[5] P. 德鲁克:《创新与企业家精神》中译本,北京企业管理出版社1989年版。

[6] 凡勃仑:《有闲阶级论》中译本,商务印书馆1964年版。

[7] 卢瑟福:《经济学中的制度:老制度主义与新制度主义》中译本,中国社会科学出版社1999年版。

[8] 熊彼特:《经济发展理论》中译本,商务印书馆1990年版。

[9] 傅家骥:《技术经济学》,清华大学出版社1998年版。

[10] 金江军、沈体雁:《信息化与工业化深度融合——方法与实践》,中国人民大学出版社2012年版。

[11] 陈灿:《互联网+:跨界与融合》,中信出版社2015年版。

[12] 王吉斌、彭盾:《互联网+:传统企业的自我颠覆、组织重构、管理进化与互联网转型》,中信出版社2015年版。

[13] 周宏仁:《信息化论》,人民出版社2008年版。

［14］段兴民、张志宏：《中国人力资本定价研究》，西安交通大学出版社2005年版。

［15］李正风、曾国屏：《中国创新系统研究》，山东教育出版社1999年版。

［16］李兆友：《技术创新主体论》，东北大学出版社2001年版。

［17］吴贵生：《技术创新管理》，清华大学出版社2002年版。

［18］陈文化：《腾飞之路——技术创新论》，湖南大学出版社1999年版。

［19］迈克尔·波特：《国家竞争优势》，华夏出版社2002年版。

［20］李忠民：《人力资本——一个理论框架及其对中国一些问题的解释》，经济科学出版社1999年版。

［21］鲁志国：《广义资本投入与技术创新能力相关关系研究》，上海三联书店2006年版。

［22］柳卸林：《21世纪的中国技术创新系统》，北京大学出版社2000年版。

［23］孔宪香：《创新型国家建设中的人力资本激励制度研究》，中国财政经济出版社2015年版。

［24］黄燕：《中国地方创新系统研究：闽粤赣经济区产业素质升级分析》，经济管理出版社2002年版。

［25］王辉耀主编：《中国区域国际人才竞争力报告》，社会科学文献出版社2017年版。

［26］朱勇、吴易风：《技术进步与经济的内生增长——新增长理论发展述评》，载《中国社会科学》1999年第1期。

［27］洪银兴：《关于创新驱动和协同创新的若干重要概念》，载《经济理论与经济管理》2013年第5期。

［28］付英彪：《创新驱动发展的评析、反思与展望》，载《学习与探索》2016年第12期。

［29］刘志彪：《从后发到先发：关于实施创新驱动战略的理论思考》，载《产业经济研究》2011 年第 4 期。

［30］黄少安：《新旧动能转换与山东经济发展》，载《山东社会科学》2017 年第 9 期。

［31］杨惠馨、焦勇：《新旧动能转换的理论探索和实践研判》，载《经济与管理研究》2018 年第 7 期。

［32］余东华：《以"创"促"转"：新常态下如何推动新旧动能转换》，载《天津社会科学》2018 年第 1 期。

［33］卫兴华：《创新驱动与转变发展方式》，载《经济纵横》2013 年 7 期。

［34］贾根良：《从价值链高端入手实现技术追超》，载《科技日报》2013 年 5 月 27 日。

［35］李增刚：《新旧动能转换需要技术和制度双重创新》，载《国家治理》2018 年第 6 期。

［36］孙丽文、米慧欣、李少帅：《创新驱动新旧动能转换的作用机制研究》，载《河北工业大学学报》2018 年第 7 期。

［37］杨冰、姜向荣：《山东省技术市场发展现状及对策分析》，载《科学与管理》2017 年第 3 期。

［38］罗文：《"互联网+"：制造强国的新引擎》，载《经济日报》2015 年 7 月 2 日。

［39］《习近平在上海考察时的讲话》，2014 年 5 月 23～24 日。

［40］《刘家义在山东省全面展开新旧动能转换重大工程动员大会上的讲话》，载齐鲁网，2018 年 2 月 22 日。

［41］刘家义：《以制度创新推动改革发展》，载齐鲁网，2018 年 7 月 11 日。

［42］张世贤：《阈值效应：技术创新的低产业化分析》，载《中国工业经济》2005 年第 4 期。

[43] 赵丽娜：《产业转型升级与新旧动能有序转换——以山东省为例》，载《理论学刊》2017年第3期。

[44] 杨德林、陈春宝：《科技专家如何向科技型企业家转变》，载《科技导报》1997年第6期。

[45] 辜胜阻、李睿：《大众创业万众创新要激发多元主体活力》，载《求是》2015年第16期。

[46] 姜从盛：《科技创新人才的培养与激励》，载《科技创业月刊》2004年第3期。

[47] 董彦岭：《全面深刻把握新旧动能的内涵》，载《科学与管理》2018年第1期。

[48] 宋晓雨：《加快科技成果转化 山东再添新"王牌"》，载《联合日报》2017年11月24日。

[49] 李丹：《我国国家技术创新体系现存问题及对策分析》，载《科技管理研究》2007年第5期。

[50] 王喜文：《中国制造业转型升级的未来方向》，载《国家治理》2015年第6期。

[51] 葛金田：《科技创新推动山东经济转型升级研究》，载《东岳论丛》2014年第12期。

[52] 金碚：《工业的使命和价值——中国产业转型升级的理论逻辑》，载《中国工业经济》2014年第9期。

[53] 孙彦明：《促进创新成果转化应用加快山东新旧动能转换》，载《宏观经济管理》2018年第2期。

[54] 李万：《新科技革命改变世界发展格局》，载《学习时报》2017年12月13日。

[55] 潘强、于平阳：《科技创新助力青岛新旧动能转换思路与措施》，载《科技与产业》2018年第2期。

[56] 廉卫东、赵洪杰：《动能转换：强省建设关键一招》，载

《大众日报》2017年11月23日。

[57] 外国专家局:《创新及硅谷的发展对我们的启示》,外国专家局网站,2017年8月14日。

[58] 高家涛:《山东科技体制改革迈向纵深》,大众网,2017年10月24日。

[59]《山东省推进"双创"相关政策清单》,山东省科技厅网站,2017年5月9日。

[60] 李毅中:《互联网+与产业转型升级》,2015世界互联网大会,2015年10月15日。

[61] 苗圩:《国务院关于信息化建设及推动信息化和工业化深度融合发展情况的报告》,山东经信委网站,2015年7月1日。

[62] 刘冰、张磊:《山东绿色发展水平评价及对策探析》,载《经济问题探索》2017年第7期。

[63] 黄茂兴、陈伟雄:《国内外促进科技成果转化的典型经验及其启示》,载《东南学术》2013年第6期。

[64] 朱丽兰:《知识正在成为创新的核心》,载《人民日报》1998年7月23日。

[65] 吴希金:《"创新"概念内涵的再思考及其启示》,载《学习与探索》2015年第4期。

[66] 潘宇瑶:《自主创新对产业结构高级化的驱动作用研究》,吉林大学博士学位论文,2016年。

[67] 李汝凤:《我国稀贵金属产业创新驱动发展研究基于技术创新与制度创新》云南大学博士学位论文,2014年。

[68] 刘惠:《创新驱动产业结构升级的作用机制分析》,兰州财经大学硕士学位论文,2017年。

[69] 王志刚:《加快建设创新型国家》,载《人民日报》2017年12月7日。

[70] 张彬、李春晖：《"新经济"背景下提升我国科技创新能力的策略研究》，载《经济纵横》2018年第2期。

[71] 王昌文：《加快创新驱动发展　促进新旧动能转换》，载《现代国企研究》2018年第1期。

[72] 施筱勇：《创新驱动经济体的三大特征及其政策启示》，载《中国软科学》2015年第2期。

[73] 山东省经信委：《关于印发山东省信息化和工业化深度融合专项行动方案（2014～2018年）的通知》，山东经信委网站，2014年6月13日。

[74] 罗文：《工业新常态呈现四个特征》，载《赛迪顾问》2015年1月7日。

[75] 中国电子信息产业发展研究院：《2015年度中国信息化与工业化融合发展水平评估报告》2016年8月。

[76] 周剑、徐大丰：《两化融合的概念内涵和方法路径研究》，载《产业经济评论》2015年第9期。

[77] 步德迎：《信息化与工业化融合的本质》，载《中国信息界》2009年第6期。

[78] 刘金婷：《互联网+内涵浅议》，载《中国科技术语》2015年第3期。

[79] 周衍鲁：《"互联网+"驱动实体经济转型升级的技术理论研究》，载《商业经济研究》2017年第18期。

[80] 《2016年全省工业经济运行情况》，山东经信委网站，2017年2月16日。

[81] 孔宪香：《以创新理念增强山东经济发展动力》，载《理论学习》2016年第5期。

[82] 朱城、邹娟：《经济转型升级视域下的人力资源战略性调整》，载《兰州学刊》2011年第12期。

[83] 山东省统计局:《山东统计年鉴(2016)》,山东统计信息网,2016年11月10日。

[84] 山东省统计局:《2017年山东省国民经济和社会发展统计公报》,山东统计信息网,2018年2月27日。

[85]《山东2016年研发经费支出1566.1亿元,居全国第三》,大众网,2017年7月14日。

[86] 张春晓:《创新驱动成为推动转型发展的强大引擎——党的十八大以来山东科技创新发展成就回顾》,载《山东经济战略研究》2017年第10期。

[87]《山东积极构建品牌建设新格局》,中国工商报网,2018年6月5日。

[88] 山东省科技厅:《山东省多措并举强化企业科技成果转化主体作用》,山东省科技厅网站,2017年6月29日。

[89]《2017年山东企业研发费用税前加计扣除总额256.41亿》,齐鲁网,2018年7月31日。

[90] 山东省人民办公厅:《山东省人民政府办公厅关于进一步推动科技成果转化的实施意见》,2018年1月4日。

[91]《全国比拼营商环境,山东排第几?》,载《大众日报》2018年7月22日。

[92]《山东省积极推进众创空间发展》,山东省科技厅网站,2017年10月12日。

[93]《上半年山东GDP为39658.1亿元,增长6.6%》,载《大众日报》2018年7月23日。

[94]《中共山东省委山东省人民政府关于推进新旧动能转换重大工程的实施意见》,2018年2月13日。

[95]《山东新旧动能转换综合试验区建设总体方案》,2018年1月。

[96]《山东省人民政府关于印发山东省新旧动能转换重大工程实施规划的通知》，2018年2月13日。

[97] 张清津：《新旧动能转换重在提升制度竞争力》，载《中国社会科学报》2018年4月18日。

[98] 国家统计局：《中华人民共和国2017年国民经济和社会发展统计公报》，国家统计局网站，2018年2月28日。

[99]《国家创新驱动发展战略纲要》，新华社，2016年5月20日。

[100]《去年山东万元GDP能耗下降6.94%》，载《经济导报》2018年6月15日。

[101]《山东省人民政府办公厅关于进一步促进科技成果转化的实施意见》，2018年1月4日。

[102] 鲁才轩、滕敦斋：《山东人才发展驶入快车道》，载《大众日报》2018年1月30日。

[103]《山东公布人才资源家底：企业人才多　地区分布差距明显》，齐鲁网，2016年9月9日。

[104]《山东通过"一事一议"引进7位顶尖人才》，载《大众日报》2018年3月5日。

[105] 罗妹婷：《"互联网+"对制造业转型升级的影响》，载《企业技术开发》2017年第2期。

[106] 邬贺铨：《"互联网+"行动计划：机遇与挑战》，载《学术前沿》2015年第5期。

[107] 周衍鲁：《"互联网+"驱动实体经济转型升级的技术理论研究》，载《商业经济研究》2017年第18期。

[108] 胡春阳、刘晓艳：《"互联网+"融合经济社会发展的路径及机制研究》，载《内蒙古财经大学学报》2017年第4期。

[109] 张银银、黄彬：《创新驱动产业结构升级的路径研究》，载《经济问题探索》2015年第3期。

[110] 盛朝迅:《创新驱动产业升级的因素分析与政策建议》,载《全球化》2014年第8期。

[111] 《中共山东省委山东省人民政府关于推进新旧动能转换重大工程的实施意见》,2018年2月13日。

[112] 《山东新旧动能转换综合试验区建设总体方案》,2018年1月。

[113] 《山东省人民政府关于印发山东省新旧动能转换重大工程实施规划的通知》,2018年2月13日。

[114] 杨舒:《2017年我国科技进步贡献率达57.5%》,载《光明日报》2018年1月1日。

[115] 陈磊:《我国第五次技术预测显示:"领跑加并跑"技术接近一半》,载《科技日报》2016年8月2日。

[116] 苗圩:《把握趋势 抓住机遇 促进我国制造业由大变强》,载《中国工业评论》2015年第7期。

[117] 王喜文:《工业4.0、互联网+、中国制造2025中国制造业转型升级的未来方向》,载《国家治理》2015年第6期。

[118] 中华人民共和国科技部:《中国区域创新能力监测报告2016~2017》,科学技术文献出版社2017年版。

[119] 《解读深圳六个"90%"背后的发展动力》,新华网,2010年8月25日。

[120] 姜沣:《山东人才资源总量达1477万人》,大众网,2016年9月9日。

[121] 《2016年山东人才十件大事》,齐鲁网,2016年1月17日。

[122] V. W. Ruttan and Y. Hayami. 1984. Toward a theory of induced institutional innovation. *Journal of Development Studies* 20, pp. 203–223.

[123] Becker, Gary. 1962. Investment in Human Capital: A Theoretical Analysis. *The Journal of Political Economics* 70(2), pp. 9–49.

[124] Charles A. Holt and Susan K. Laury. 2002. Risk Aversion and Incentive Effects. *The American Economic Review* 92 (5), pp. 1644 – 1655.

[125] E. Borensztein and J. D. Gregorio and J. W. Lee, 1998. How Does Foreign Direct Investment Affect Economic Growth? *Journal of International Economics* 45, pp. 115 – 135.

[126] Fama. E. . 1980. Agency Problem and the Theory of the Firm. *Journal of Political Economy*, Vol. 88 (2), pp. 288 – 307.

[127] J. E. Stiglitz. 1974. Incentive and Risk-sharing in Share-cropping. Review of Economic Studies. April, pp. 219 – 55.

[128] Jonathan Levin. 2003. Relational Incentive contracts. *The Amercian Economic Review* 93 (3), pp. 835 – 857.

N